Geschichten eines Gemischtwarenhändlers

Von Stefan Reichhardt

1. Auflage, 2021
© 2021 Stefan Reichhardt, alle Rechte vorbehalten.
Layout / Umsetzung: Iris Hanousek-Mader, Thomas Mader
Herstellung und Verlag: BoD – Books on Demand, Norderstedt
ISBN: 978-3-754-31616-0

Fließt

Aus der Traurigkeit fließt die Träne,

aus der Hoffnung fließt die Kraft,

aus der Liebe fließt die Menschlichkeit.

Stefan Reichhardt

Inhaltsverzeichnis

Kapitel 1 - Stefans Kindheitserlebnisse

von links: Bruder Hans, Geigenlehrer Heinz Buschjäger und ich

Auch Großvater war einmal ein Kind

Zwischen Linde und Maggistangerl

Es war Winter und Weihnachten war in wenigen Tagen. Es war Nachkriegszeit und viele Kinder und Eltern hofften, dass es besser wird. Ein bisschen besser als den anderen ging es uns schon. Wir hatten genug zu essen. Auch wenn sich der Speiseplan nach den Produkten eigener Erzeugung richtete, so gab´s doch allerhand, was auch mir schmeckte. Hatten wir doch Schwein – Ziegen – Hendl im Stall, Obst und Gemüse, Salat und rote Rüben am Felde, und vieles andere wie Kartoffel im Keller. Es war nicht der Überfluss, aber bei genauer Einteilung konnte man „Hoffnung schöpfen", wie meine Tante sagte.

Einige Dinge, die zum Gelingen des Festes fehlten, musste ich noch holen. In nächster Nähe war ein Gemischtwarengeschäft, wo man Lebensmittel, die man nicht selbst herstellte, kaufen konnte. Auf einen Zettel, den meine Mutter von der Zeitung abriss, schrieb sie in Kurrentschrift ihre Wünsche auf. An erster Stelle stand immer Linde-Kaffee. Dann kamen Soda und Seife. Viel war es nicht, was da noch draufstand und am Ende kam das Maggistangerl. Ein Pompadour als Einkaufstasche, eine Petroleumlampe in der

Hand, so machte ich mich auf den Weg, um die Besorgung zu erledigen.

Ich kam zum Geschäft, am Schild stand „Gemischtwaren Maria Reichl". An der Tür war innen ein gestickter Scheibenvorhang und beim Öffnen setzte sich eine Glocke in Bewegung. Das Geschäft war nicht groß und wenn drei Leute kamen, musste bereits eine Person auf der Bank, die links von der Tür war, Platz nehmen. So zog ich meinen Zettel bzw. Zeitungsteil hervor und trug meine Wünsche heran. Frau Reichl, die selbst keine Kinder hatte, war nett zu allen Kindern, aber besonders nett zu mir. Ich hatte die Mütze abgenommen und meine blonden Haare erregten ihre Aufmerksamkeit. Mein Haarschopf und die großen Kniescheiben, die ich als Kind hatte, wurden leider nicht auf meiner J-Karte vermerkt. Ich gab ihr den Zettel und sie stellte alles aufs Pult, während meine Gedanken ganz woanders waren. Ich bemerkte, etwas seitlich versteckt, ein Glas mit Fischen. Im großen Behälter glänzten kleinsilbrige Fische, fein geschlichtet, ohne Köpfe hervor. Das bemerkte auch Frau Reichl und stillte meine Neugierde, indem sie das Glas hervor nahm, es mitten aufs Pult stellte und den Schraubdeckel mit Anstrengung öffnete. Ich durfte auf die Bank hinaufkraxeln und von oben das Glas mit den Fischen betrachten. Inmitten der Fische waren geschnittene Zwiebelringe und alles war in einer gewürzten Flüssigkeit eingelegt. Ich durfte riechen und das unbändige Verlangen nach den Fischen wurde immer stärker! Das sind „Russen", sagte sie laut und ich war fast erschrocken. „Russen" – ging es mir durch den Kopf. Ich kannte bislang diese Fische nicht, denn die Fische, die ich kannte, waren grünlich oder bräunlich und hießen Koppen. Die Verunsicherung wurde noch stärker, da ja bei uns Amerikaner waren. Bei meinem Großvater aber waren Russen, und ich hatte noch nie gehört, dass einer 10 dag Amerikaner verlangte. Ich fragte um den Preis dieser Fische und sie sagte, die Russen kosten 10 dag 1,70 und das Zwiebelkraut koste nichts.

Ich packte die Waren meiner Mutter in den Pompadour, zahlte und wollte gehen. In diesem Augenblick fiel mir ein Gedanke ein und ich fragte, ob es auch andere Waren gäbe, die solche Namen hätten. Sie bejahte und meinte, es gäbe auch Braunschweiger Wurst. Ich fragte sie, ob sie „Pariser" hätte. Momentan verfärbte sich ihr pfirsichfarbenes Gesicht und wurde rot. Mit einigem Lächeln ging sie zur Türe, die in das angrenzende Wohnzimmer führt. Dort saßen zwei Männer, die zu Besuch waren. Sie erzählte diesen meine Frage und kehrte lachend ans Pult zurück. Ich verstand alles Grinsen nicht und sie stupste mich auf die Nase und sagte, ich sei noch zu jung dazu! Jetzt bekam ich eine rote Farbe ins Gesicht und überwand mich zu der Bestellung von 10 dag Russen und Kraut. In der Geldbörse befanden sich nämlich 2 Schillinge, die ich als Taschengeld hatte. Da gingen sich noch drei Stollwerk aus.

Vor der Tür stand noch meine brennende Petroleumlampe, es war höchste Zeit, den Heimweg anzutreten. Am Steg über den Graben machte ich Pause und konnte dem aufkeimenden Verlangen nach den Russen nicht widerstehen. Auf einen breiten Pfosten der als Geländer gedacht war, legte ich die Fische. Im gleichen Augenblick kam von der anderen Seite eine Frau mit ihrem Hund. Ehe ich den ersten Fisch zum Mund führen konnte, hatte auch der Hund dasselbe Verlangen. So entsprang eine Rangelei um die Russen. Die betagte Dame und ich rauften mit dem Hund, wobei sie den Hund an der Leine über den Abgrund hielt und ich die Reste der Russen rettete. Mein linkes Hosenbein roch stark nach den geretteten Fischen und mein rechtes Bein stank nach Petroleum, da ich die Lampe bei dem Gerangel umstieß.

Diesen Geruch konnte ich nicht verbergen und so kam die Wahrheit trotz vieler Ausreden ans Licht. So stark war aber der Geruch nicht, denn ich erzählte meinen Vorfall meiner Mutter im Ziegenstall. Auf jeden Fall brachte ich Linde und Maggistangerl brav nach Hause und Russen werde ich nur mehr bei Tisch essen.

Die Lederhose

Schwül war`s – ein schöner Frühsommertag kündigte sich an. Den Gedanken auch mit der Bekleidung sich jahreszeitlich umzustellen hatten meine Mutter und ich fast gleichzeitig. Ich holte die Lederhose aus dem Schubladkasten, schlüpfte hinein und führte diese meiner Mutter zur Begutachtung vor. Ich schwärmte von meiner Lederhose, die Feinheit des Ziegenleders, sie sei praktisch, passte zu jedem Hemd, ideal bei heißem Wetter und wenn es etwas Kühler war, strich der Wind von den Hosenstummeln innen über den Bauch etwas erwärmt, wieder hinaus. Zum Schluss meinte ich, für Buben ideal, mit dem Hosentürl ging´s schnell, wenn man musste. Ich vergaß, nicht zu betonen, dass Mädchen diesen Vorteil nicht hätten.

Während meiner überschwänglichen Anpreisung betrachtete sie mein ideales Stück und die Mimik und Sprache veränderten sich schlagartig. „Die Hose gehöre geflickt, das Hosentürl hänge etwas herab, die Nähte gingen auf usw." und noch etwas „Es sei jedes Jahr dasselbe mit dem Hosentürl". Die Stimmung war nicht gut, denn eine Reparatur koste Geld und das war rar. Mir fiel zur Finanzierung der Lederhosenreparatur mehrere Kitzfelle ein, die am Dachboden zur Trocknung hingen, bevor wir sie zur Gerberei brachten. Von dieser Idee überzeugt, Bares zu bekommen, schwenkte die Stimmung um. Donnerstag war Markttag in

Steyr und so war es dann auch. Wir fuhren mit den Rädern nach Steyr. Ich hatte die getrockneten Felle am Gepäcksträger verschnürt, meine Mutter die Lederhose in einem Rucksack. Der erste Weg führte uns zum Hauthändler Knoll in der Sierningerstraße. Er kannte meine Mutter schon lange und zahlte etwas besser für die Häute, was er auch betonte. Wir waren Stammlieferanten für ihn und ich war froh, dass alles nach meinem Plan lief. Trotzdem war ich etwas benebelt von dem Geruch in diesem Geschäft und verließ dieses nicht ungern. Einige Häuser weiter war ein Mann in einem Lederwarengeschäft, der meine Lederhose reparieren konnte. Auch den kannte meine Mutter und meine Freundlichkeit sollte die Hosentürlreparatur günstiger machen.

Er nahm das gute Stück in die Hand, drehte es von hinten nach vorne und von oben nach unten. Inzwischen frage meine Mutter etwas Philosophisches, wie es kommen könnte, dass jedes Jahr beim Hosentürl das Leder dünn und abgerissen sei und die Nähte aufgingen. Der auf einem Schusterbock sitzende Mann stand auf, ging auf meine Mutter zu und sagte mit kantiger und ehrlicher Stimme: „Der Bua brunzt in´d Hosn!"

Ich hörte diese Aussage und tat so, als ob ich gar nicht dazu gehörte und schaute die große Ledernähmaschine intensiv an. Meine Mutter war baff und wortlos. Um diese Peinlichkeit rasch zu bereinigen fiel mir ein und sagte, dass der rechte Knopf am Hosentürl zu groß war und wenn es schnell gehen sollte, klemmte es und einige Tröpfchen schon dann und wann in der Hose gelandet seien. Oder bei starkem Wind die Natur manchmal stärker sei, auch da konnte es passieren. Mir fiel zur Verteidigung nichts mehr ein und der Vorwurf wurde dadurch etwas gemildert. Jetzt griff meine Mutter in die Debatte ein und meinte, ich sei ein Gausterer, eben ein aufgewecktes Bürscherl, er kann aber gut lesen und schreiben, fügte sie hinzu. Den Vorwurf, ihr Bub sei ein Bettnässer, wies sie entschieden zurück.

Daraufhin setzte sich der Meister wieder auf den Schusterbock und begann mit der Arbeit. Ziegenleder sei eben nicht so stabil wie Schweinsleder, erklärte er meiner Mutter. Und zu ihrem Buam passt auch irgendetwas Feinledriges, sagte er etwas versöhnlich. Das tat meiner Mutter gut und voll Stolz über die gelungene Reparatur, bekam ich meine Lederhose wieder. Ich sagte Danke, denn wer bekommt jedes Jahr ein neues Hosentürl, nur ich hatte das Glück.

Ziege, Liebe, Radlbock

Im Erfinden von Beschäftigungen am Nachmittag nach Schulbesuch war meine Mutter nicht zu schlagen. Als Zwölfjähriger hatte ich doch andere Sachen im Kopf als Burgunderrübenblätter zum Trocknen aufzuhängen oder Kartoffel klauben und vieles mehr, was es im Herbst zu tun gibt. Eines Tages übertrug sie mir einen besonders verantwortungsvollen Auftrag, von dem viel abhänge, um im nächsten Frühjahr junge Kitze zu haben. Wortreich erklärte sie mir, ich soll unsere Ziege zum Bock treiben, um diese „zuzulassen". Diese meckere bereits länger als einen Tag. Ein gutes Zeichen für die Fruchtbarkeit, von anderen Zeichen abgesehen, sagte sie mir. Neugierig geworden wie so etwas geht, welcher Ziegenbock zu besuchen wäre, den es gab in unserer Gemeinde viele Böcke. Geh zum „Platzer in Letten" meinte sie, die haben einen guten Bock und alle bisherigen Ziegen haben aufgenommen. Da wir schon jahrelang Ziegen hatten, so konnte ich mit den Ausdrücken „zuzulassen, aufnehmen", usw. noch etwas anfangen. Nur beim „meckern" handelt es sich doch um mehrere Bedeutungen. Denn ich hörte einmal unseren Nachbarn sagen, seine Frau meckere immer. Was einen Vergleich möglicherweise zuließ. Ein windiger Herbsttag lag über dem Steyrtal und unsere „Lidi" meckerte immer noch. Sie war unser bestes Stück, gab die meiste Milch und ließ sich von mir nur mit warmen Händen melken, stand ruhig da und blickte mich treuherzig an. Am

Hals hingen zwei Glankerl herunter, die bei jeder Bewegung des Kopfes baumelten. Es war so weit. Am Hals befestigte ich einen Strick und wir zwei gingen aus dem Stall. Jetzt meckerten auch alle anderen. Sie sahen sich leid oder war´s vielleicht nur ein Abschiedsmeckerer. Voll Stolz manchmal schneller, gingen wir durch den „Gries" am Neuzeughammer vorbei, entlang der Steyr, Richtung „Platzer in Letten". Wir kamen gut voran, abgesehen davon, dass sie sich ab und zu eine Kastanie oder ein Büschel Gras ins Maul steckte. Beim Anstieg über die „Stoaleit´n" ein steiler enger Fußweg, fing sie an, sich umzudrehen. Mit gutem Zureden und etwas Futter vor der Nase landeten wir auf der Steyrtalbundesstraße. Ich wollte weitergehen, sie aber nicht. Sie verweigerte jede Bewegung. Was sollte ich tun? Ich erklärte ihr die Lage, in die mich brächte, wenn wir den Bock nicht erreichen. Flüsterte ihr meine Liebe ins Ohr, wurde etwas lauter und zum Schluss nannte ich sie eine blöde „Gais". Es nütze nicht, sie stand da und bewegte nicht einmal ihr Schwänzchen, welches in dieser Zeit nach oben zeigte. Ein paar Autofahrer, die vorbeikamen, bemerken von meiner Lage nichts. In meiner Verzweiflung band ich die Ziege an einen Randstein und rannte, so schnell ich konnte, nachhause. Außer Atem angekommen, holte ich einen Radlbock, der zum Futterholen bereitstand und flitzte wieder zurück wo die gute „Lidi" noch immer angebunden dastand. Zuerst den Vorderteil hinauf und dann den Hintern und oben stand sie am Radlbock, vorn am Bügel angebunden. Fast stolz schaute sie mich an, die Glankerl gingen hin und her und frech zwinkerte sie mit den Augen. So ein Mistvieh. Jetzt hat sie mich besiegt. Dachte ich so nebenbei, denn jetzt ging's flott weiter, sie am Radlbock und ich hatte diesen zu bewegen. Je näher wir zum „Platzer in Letten" kamen, desto ruhiger wurde unsere „Lidi". Jetzt bekam auch ich den Duft des Gaisbockes in die Nase und war recht froh, es geschafft zu haben. Ich begrüßte Frau Platzer, die herzlich lachte, als sie die Ziege am Radlbock sah. Gespannt vorsichtig band ich die Geiß los und ging Richtung Stall, wo der Bock stand. Ich war neugierig, was jetzt folgen sollte und tat ganz so, als ob ich schon des Öfteren mit einer Ziege beim Bock gewesen wäre. Gerade als ich den Fuß auf die Schwelle des Stalles setzte, nahm mir die gute Frau die Ziege ab, verriegelte die Tür und ich stand draußen. Frau Platzer rief ich, doch nur ein Murmeln erreichte mein Ohr. Was übersetzt hieß, ich sei noch zu jung für solche Sachen. Drinnen waren die Geräusche einer wilden Jagd auf Stroh zu hören, die gemildert nach außen drangen. Ich ging zum Schlüsselloch, um etwas zu sehen. Doch leider sah ich nur den Blaudruck einer Schürze, die Frau Platzer anhatte und die breit vor der Türe stand. Nebenbei stand ein Holzstoß, dessen Höhe bis zum Fenster des Stalles ging. Ich kletterte hinauf, um zu sehen, was dieser Bock mit unserer Lidi tut. Vergeblich! Das Fenster war innen angelaufen und undurchsichtig. Im Stall wurde es ruhiger und nur das gute Zureden der Besitzerin des Bockes war zu hören. Ich lehnte mich an den Holzstoß und war etwas enttäuscht. Ich grübelte. Es könnte sein, dass meine Mutter die beginnende Aufklärung mir über die Tierwelt beibringen wollte und deshalb mich und nicht meinen Bruder diese Tätigkeit ausüben lässt. Oder Frau Platzer glaubte, ich sei erst zehn Jahre schmal und dürr war ich ja. Viele Fragen tauchten auf. Nicht nur die Frage: Wie komme ich heim? Wieder die Ziege am Radlbock? Plötzlich springt die Stalltür auf und unsere „Lidi" steht im Freien. Wir schauten uns an, wir wussten beide nicht, wie uns geschah. Ich streichelte ihr Fell, das etwas durcheinander war. Sie bedankte sich mit einem zärtlichen Meckerer. „Meine Mutter kommt zum Zahlen vorbei und bedankt sich recht herzlich und hofft, dass aufgenommen hat", sagte ich versöhnlich zur Frau Platzer. „Nächstes Jahr derfst dann mit einigehen", gab sie zur Antwort und nahm ihre Blaudruckschürze ab. Ich sagte: „Pfiat di" und nahm den Radlbock nebenbei am Strick unsere „Lidi" und ging wieder nachhause und erzählte meinen Freunden von diesen Erlebnissen. Denn wer hat schon eine Ziege am Radlbock zur Befruchtung geführt, nur ich hatte das Glück.

unsere Lidi + ?

Die Invasion

Die Sonne schien kräftig und ein heißer Frühsommertag in den letzten Wochen des Volksschuljahres 1949 war angebrochen. Die Klassenzimmer mit warmer Luft gefüllt. Viel Neues gab es nicht mehr zu lernen und die Lehrer konnten mit langatmigen Wiederholungen auch ihre Fadheit nicht verbergen. Selbst der Unterricht bei geöffneten Fenstern veränderte die Stimmung nicht. Die Klassentür, die immer ein wenig klemmte, ging auf und Oberlehrer Karl Egon Müller betrat fast majestätisch den Raum. „Setzen" rief er und alle, die vor Ehrfurcht aufgestanden waren, nahmen wieder Platz. Jeder wusste, wenn er kommt, ist immer was los. Wir hatten seine mitgebrachten Rollen auf der großen Tafel montiert, wie er es uns gesagt hatte und staunten. Fragend blickten wir zu ihm. Er schritt zur Tafel und zeigte mit einem großen Stab auf einen Käfer, der abgebildet auf der ausgebreiteten Rolle zu sehen war. Bedächtig, was nicht seine Art war, begann er zu reden.

Ein Feind bedrohe unsere Hauptnahrungsquelle, den Kartoffel, meinte aber die Erdäpfel. In den Köpfen meiner Mitschüler ging es drunter und drüber und mir ging es ebenso. Ein kleiner Käfer soll unsere Erdäpfel vernichten, die so herrlich schmeckten. Wir waren baff. Langsam beruhigten wir uns und die Geschäftigkeit nahm ab. Ich durfte zur Tafel gehen und den Käfer betrachten. Größe: etwa wie ein

Marienkäfer, den alle kannten. Der im Bild aber hatte grüne Streifen und aus Amerika kommend. Ein Käfer mit einem Tarnanzug, das konnte nur ein Feind sein, denn die getupften Marienkäfer waren Glücksbringer. Diese Vorstellung überzeugte auch unseren Oberlehrer. Er verkündete diesen Einfall als großartig und ab 10 Uhr gibt es keinen Unterricht, sondern es gilt den Feind ausfindig zu machen.

Begeisterung brach aus und ein Einsatzplan wurde besprochen. Auf einer Anhöhe außerhalb von Sierninghofen lagen die Ortschaften Loibersdorf und Pachschallern. Auf den Feldern dieser Bauern waren riesige Erdäpfelacker mit bereits gutem Wachstum. Jetzt ging´s los. Die Schultasche ins Fach der Bank geschoben. Das Tintenfass verschlossen. Meine Schulbekleidung bestand aus einer übertragenen, teilweise glänzenden Lederhose. Darunter eine schwarze Cloth-Hose, etwas zu groß geraten und teilweise sichtbar. Ein kurzärmeliges Hemd mit Karomuster, etwas ausgewaschen, aber sauber und bequem zu tragen, Sandalen an den Füßen und im Kopf nur mehr die Käfer, die wir suchen sollten.

Eine Belohnung, eine Art Finderlohn, wurde ausgesetzt. Ein schulfreier Tag oder Ähnliches, wurde erzählt, aber glauben wollten wir es nicht so richtig. In Gruppen eingeteilt, begann der Marsch zu den Bauern. Der ansteigende Weg, die pralle Sonne, sie ließen Gedanken aufkommen, die so verwogen waren, aber auch die Möglichkeit einer Erklärung bot. Wie kann so ein kleines Tierchen den weiten Weg von Amerika nach Loibersdorf finden? Warum sprach Oberlehrer Karl Egon

Müller von Kartoffeln und meinte Erdäpfel? Ein schattiges Platzerl und ein Brunnen, der kühles Nass spendete, luden zu einer kurzen Rast ein und mein Kopf wurde wieder klarer. Und die Beantwortung der aufgetauchten Fragen stand fest. Es heißt die Erdäpfel und der Kartoffel, also weiblich und männlich, meinte ich, sei der Unterschied, aber von der gleichen Art, genauso wie Frau und Mann, die ja auch nur Menschen sind.

Bei der Frage um die Käfer war vieles bald klar. Zum Beispiel ein amerikanischer Soldat nahm ihn in einer Zigarettenschachtel mit, nicht wissend, dass dies verboten sei. Zum Beispiel ein Käfer dieser Art versteckte sich in einer Hilfslieferung auf Amerika, um unser Land kennenzulernen. Oder einer hatte von den Spritzmitteln der Amerikaner genug und hatte sich einen Grausen gefressen im Land der unbegrenzten Möglichkeiten.

Die Felder flimmerten, die Sonne stand hoch und gut eine Stunde waren wir bereits unterwegs. Jeder entledigte sich seiner überflüssigen Bekleidung. Ich zog meine Lederhose aus und versteckte sie hinter einem Baum. Stolz war ich auf meine schwarz glänzende Cloth-Hose, denn die war neu und aus Restbeständen einer Schürze genäht. In Reihen aufgestellt durchkämmten wir die Felder, durchsuchten die Blätter und Blüten von unten bis oben. Die Lehrer gingen voran, was die Vermutung bei mir aufkommen ließ, die Belohnung für die Käfer zu erhalten, wenn sie einen fänden. Ich suchte hinten und vorn, oben und unten, bog die

Stauden zur Seite und fand beim besten Willen den Feind nicht. Die gefundenen Marienkäfer setzte ich auf eine Fingerkuppe, hauchte sie an und in weitem Bogen flogen sie davon. Allmählich setzte sich die Ansicht durch, dass die Käfer Loibersdorf nicht erreicht hätten. Ein Lehrer berichtete, gelesen zu haben, es sei eine Invasion zu befürchten. Die Gefräßigkeit dieser kleinen Lebewesen sei so groß, dass nur Stengeln von den Erdäpfelstauden übrigblieben und das Wachstum der Erdäpfel zum Stillstand kommt. Die Mittagszeit war angebrochen, die Felder abgesucht und nichts gefunden. Für diese Mühe in der Hitze des Tages wurden wir zum Mittagessen eingeladen.

In Gruppen eingeteilt, freuten wir uns auf Speis und Trank. Im Vorhaus meines zugewiesenen Hauses, vulgo Strobl, stand ein großer viereckiger Tisch, rundherum eine wackelige Bank, die nur eine ruhige sitzweise vertrug. Die Bäuerin stellte eine große Schüssel mit grünem Salat in die Mitte. Das Besteck wurde aus der Tischlade gezogen und zugeteilt. Die emaillierten Teller holten wir uns aus der Küche. In einer grüngeflammten Suppenschüssel kamen Knödeln auf den Tisch.

Jeder dürfe sich 2 Stück herausnehmen, sagte die kleine rotgesichtige Frau des Bauern voller Stolz. „Fängt an und lasst´s euch schmecken, habts eh schon an Hunger". Niemand redete dagegen und fast gleichzeitig stach jeder einen Knödel an und legte ihn auf den Teller. Vorsichtig schnitt ich den Knödel an und ein Stück Speck im Ganzen war enthalten. Nicht würfelig geschnitten und farblich auch etwas anders, und der Duft, der entwich, konnte mit den Knödeln meiner Mutter nicht mithalten. Ich aß Speckknödel nicht ungern, aber dieser ranzige Speckwürfel als Fülle, die Farbe – nein, mir graute.

Ich ließ mir nichts anmerken und zerkleinerte den Knödel. Ich stocherte umher und begann die Hülle zu essen, denn auch der Teig könnte meinen Hunger stillen. Auf einem kleinen Teller lag ein Erdapfel, ich langte zu und mischte diesen mit der Teighülle. Großzügig verschenkte ich meinen zweiten Knödel an meine Mitschüler. Bei dieser Umstocherei und dem verstohlenen Umherschauen bemerkte ich, dass am Rand der Salatschüssel sich etwas bewegte. Meine Vermutung, die Fühler einer Schnecke entdeckt zu haben, wurde immer stärker. Mit Widerwillen schluckte ich Bissen für Bissen hinunter, ein Auge auf den Rand der Salatschüssel gerichtet. „Ich muss zum Abort", unter diesem Vorwand stand ich auf, um einen Blick über die Salatschüssel zu bekommen.

Meine Vermutung wurde wahr, eine Schnecke war im Salat und hatte den scharfen Mostessig nicht überlebt. Die Fühler eingezogen, tot in der leeren Schüssel am Boden. Der gegessene Teig wurde im Magen immer schwerer. Meine Schulfreunde schwärmten von den fetten Knödeln und vom grünen Salat. Bedankten sich bei der Bäuerin und versprachen, wiederzukommen, um die Felder nach dem Volksfeind Nummer 1 wieder abzusuchen.

Ich war wortlos und sagte von den Vorkommnissen nichts. Meine Blässe im Gesicht blieb nicht unbemerkt. „Die Hitze", sagte ein Lehrer und ging mit mir zum Brunnen, der im Hof als Tränke für die Tiere stand. Mein flaues Gefühl im Magen wurde wieder besser und der Heimweg spannend – und wo die Lederhose versteckt war, hatte ich in der Aufregung vergessen. Bei jedem Strauch und Gehölz wurde genau geschaut nach Lederhose und dem Käfer, der so ausschaut wie der aus Amerika im Tarnanzug.

Loibersdorf und die Junihitze, die ranzigen Speckknödel, der Salat mit einer Schnecke, das Haus „vulgo Strobl" werde ich aus den Tagen meiner Kindheit nicht vergessen. Denn wer hat schon nach Käfern im Tarnanzug gesucht, ab 10 Uhr keine Schule und nur getupfte Marienkäfer gefunden – nur ich hatte das Glück.

Der Kugelschreiber

150 Tage oder 3 Monate ohne die feinen Salzstangerl vom Gollner-Bäcker in Sierning, sich vom Mund absparen wäre eine Möglichkeit. Vier Kitzlfelle im Frühjahr zum Knoll-Hauthändler nach Steyr zu bringen und 21,- Schilling zu bekommen, wäre eine Möglichkeit. Weihnachten oder ein Geburtstag wäre eine Möglichkeit, ihn zu bekommen. Neben Füllfedern und Geschenketuis, banalen Schreibwaren, Stenobleistiften und Heften lagen sie da. Schlank in der Form, grün marmoriert, die neuen Kugelschreiber.

An der Spitze keine kratzende Metallspitze an der die Tinte teilweise unkontrolliert auf die Blätter floss. Nur eine feine Kugel, die die konzentrierte ans Heft heranließ. Diesen Traum zu erwerben war mein Wunsch. Mehrmals in der Woche fuhr ich mit dem Rad von Neuzeug über die Sierninger Straße nach Steyr. Am Anfang der Enge Gasse bei Zwischenbrücken befand sich dieses Geschäft mit den Kugelschreibern.

Ich musste diese Neuheit wiederholt sehen und mein Verlangen einen zu bekommen wurde immer stärker. Überall sah man jetzt Kugelschreiber. Junge Männer hatten in den Brusttaschen der Sakkos solche stecken, besonders solche die ihre Haare mit Brillantine eingerieben und zu einem Schwanz wie bei einer Ente geformt haben.

Selbst beim Haubeneder in der Enge hatten die Sakkos schon Kugelschreiber als Schmuck an der Brusttasche, so war in der Schaufenstertür zu sehen. Zu Ostern war es 1951 oder 1952, besuchten wir wie jedes Jahr unsere Großeltern in der russischen Zone in Niederösterreich. Wir fuhren mit der Steyrtalbahn bis Steyr und zu Fuß ging´s weiter über den Wachtberg nach Samendorf. Bei dieser Gelegenheit lenkte ich den Weg zum Schreibwarengeschäft Stiasny in der Enge, um meinen Eltern diese Neuheit zu zeigen.

Am Preistaferl stand 21,- Schilling mit einer Nachfüllung. Alle starrten hinein und ich erzählte von den Vorzügen, man benötige kein Tintenfass und meine Schrift würde sich noch schöner gestalten lassen und ich bekäme bessere Benotungen. Momentan war alles ruhig, nur mein Vater, der ein Fußleiden hatte, klopfte 3 x mit dem Stock auf das Pflaster, was so viel hieß wie „wir gehen weiter".

Im selben Augenblick bog ein Leichenwagen der Firma Stiegler von der Ennsbrücke kommend ein und blieb vor deren Büro stehen. Damit war auch das Reden über die Kugelschreiber vorbei und alle Neugierde war dem Leichenwagen gewidmet. Auf der Ennsbrücke fing ich wieder zu reden an über den Kugelschreiber, den ich gerne haben wollte. Wir bogen in die Haratzmüllerstraße ein. Menschenleer.

Die Sprache meiner Mutter wurde etwas lauter, was nichts Gutes bedeutete. Ich ahnte es bereits. Ein Kugelschreiber kommt nicht ins Haus, er schmiert, die Schrift wird schlechter, und außerdem darf er in der Schule nicht verwendet werden. Das Ende der Haratzmüllerstraße war in Sicht und das Thema noch nicht beendet. Und jeder, der die Länge der Haratzmüllerstraße kennt, weiß jetzt, wie ich mich fühlte. Da auch meinem Vater die Sache langsam lästig wurde, lenkte er das Gespräch auf seine Arbeitsstätte, die man von den Wegen über den Wachtberg gut sah.

Der Traum vom Kugelschreiber war momentan aus der Sicht meiner Mutter ausgeträumt, 21 Schilling nicht vorhanden. Und außerdem beginne man im Frühjahr mit dem neuen Stall und da werde jede Hand gebraucht. Ich blieb ruhig, ging neben ihr weiter und schob den Traum vom Kugelschreiber in einen Winkel meines Herzens. Jede Woche bis zu den Ferien fuhr ich zum Kugelschreiber schauen, wie immer über die Sierningerstraße. Über die Pfarrgasse, auch dort gab es jetzt schon Kugelschreiber, und auch am Grünmarkt, führte der Heimweg entlang der Steyr nach Neuzeug.

Durch meinen Kopf gingen viele Gedanken, auf welche Weise ich zum Kugelschreiber kämen könnte. Ich könnte zum Zigarettenschmuggler werden, ich könnte Radschläuche aus den russischen USIA-Geschäften handeln. Krenn aus den Feldern der Bauern graben, waschen und am Donnerstag am Markt in Steyr verkaufen. Gute Geschäfte, aber wenn das auffliegt.

Ich ließ es. Ich hatte bei diesen Gedanken Angst und hoffte, meine Wünsche würden sich zu Weihnachten oder zum Geburtstag erfüllen. Leider nein. So fuhr ich wieder mit dem

Rad. Wieder über die Sierningerstraße zu meinen geliebten Kugelschreibern. Laufend gab´s Neuheiten. Jetzt sogar mit versenkbarem Kopf, mit Druckmechanismus und Farben, die ich noch nie gesehen hatte. Meine Freunde bekamen Kugelschreiber, nur ich hatte keinen. Ich durfte ab und zu mit einem schreiben. Ein Glücksgefühl überkam mich.

Ich wollte nur mehr schreiben und jeder konnte in den Heften meine schöne Schrift bewundern. Ab dieser Zeit musste ich die Glückwünsche auf die Weihnachtskarten schreiben und mit den Postkarten Bestellungen und Termine abschicken. Der Widerstand meiner Eltern gegen die Kugelschreiber ließ nach, aber meine Liebe zu den Kugelschreibern blieb.

Kapitel 2 - Christkindlgeschichten

Wallfahrtskirche Christkindl – Foto: Kunstverlag Schmitsberger

Das verstohlene Glück

Weihnachten

Es war in den schneereichen Wintern in den zu Ende gehenden 50er Jahren des vergangenen Jahrhunderts. Einige Tage vor der Heiligen Nacht, weich fiel der Schnee auf die Häuser und Felder und von den aus Konglomerat bestehenden Abhängen des Steyrtales, hingen die Eiszapfen bis auf den Boden der Wege. Krippenähnlich aufgebaut, geformt von den eiszeitlichen Terrassen lag mein Heimatort da, verbunden mit Stiegen und Treppen, die zur Kirche führten. Meine Stimmung war nicht weihnachtlich, denn ich musste die Berufsschule noch besuchen. Ich betrachtete diese „Lernerei" als notwendiges Übel und so schauten auch meine Leistungen aus.

Aufgehellt wurde diese Plagerei durch den Umstand, dass ich in einer gemischten Klasse den kaufmännischen Unterricht bekam und manchmal ein Mädchen zum Tratsch verleitete. In unserer Klasse befand sich ein Zwillingspärchen, das in Aussehen und Sprache vollkommen gleich war. In meiner kindlich-jugendlichen Schüchternheit, die sich später legte, fragte ich nicht nach ihren Namen und von so sie herkämen. Wenn wir uns begegneten, nickte ich freundlich, denn ich wusste keinen Namen und ich wusste nicht welche. Diesmal begegnete ich nur einer! Am Weg zur Heimfahrt ging ich neben ihr zum Steyrtalbahnhof. Ich wollte ins Gespräch kommen, doch mir versagte die Stimme. So zogen wir schweigend nebeneinander den Straßenzug abwärts zu den bereitstehenden Wagons. Bei genauerer Betrachtung, die ich vorsichtig begann, merkte ich ihre Vornehmheit und schlichte Einfachheit. Ihre Bekleidung war farblich abgestimmt mit ihrem Haar, eine weiße Angorahaube neckisch am Kopf sitzend, die blonden Haare kräuselten sich an der Stirn und verdeckten halb die Ohren. Ein in Rosa gehaltener Mantel, modisch in Glockenform, umhüllte ihren Körper. Dazu trug sie elegante Lederschuhe. So beendete ich meinen Augenschein auf das Äußere, nicht ohne die pelzbesetzten Ärmel und denselben Mantelsaum zu übersehen.

Ich dagegen, bekleidet mit einem wahrscheinlich ungefärbten Mantel eines Kriegsbefreiers, eine feuerwehrähnliche Kappe und einen enganliegenden Pullover, den meine Mutter aus verschiedenen Wollresten enganliegend gestrickt hatte. Ihre Schultasche war aus feinstem, glattem Leder, meine hingegen war noch aus der Hauptschulzeit, voriges Schweinsleder, abgewetzt, aber noch voll funktionsfähig.

Die Waggons füllten sich mit Fahrgästen und rundherum wurden die hölzernen Bänke besetzt, sie sich warm anfühlten. Überraschenderweise setzte sich das Mädchen gegenüber von mir auf einen Fensterplatz. Oben und dazwischen wurden Pakete, die für das Christkind bestimmt waren abgelegt und man konnte erahnen, welche Geschenke darin enthalten waren. Denn die liebevolle Verpackung und die Aufschriften der Händler verrieten das Geheimnis. Im Waggon wurde es muffiger und das Kondenswasser lief an den Fenstern perlend herunter.

Mit einem Pfiff des Schaffners wurde die Abfahrt signalisiert und ruckartig setzte sich der Zug in Bewegung. Bei den zu überfahrenden Weichen wurden die Mitfahrenden kräftig gerüttelt und wie ausgemacht trafen sich unsere Blicke. Niemand nebenan bemerkte die Intensität unseres Kontaktes, kein Augenzwinkern und kein Lidaufschlag unterbrach uns. Wir ließen voneinander nicht ab und ein Gefühl der Vertrautheit überkam uns. Ich war sprachlos und brachte keinen „Gigs" heraus, meine Kehle war zugeschnürt, mein enganliegender Pullover begann zu beißen und mein Hals von aufsteigender Röte getroffen.

Das unterschiedliche Rattern und Rollen des Zuges beim Überqueren von Brücken und Stegen konnten unsere Blicke nicht trennen. Wir vergaßen das Drumherum und unsere Augen klebten förmlich aneinander. Plötzlich sagte sie: „Schloss Rosenegg" und wischte mit dem Handschuh das angelaufene Fenster frei. In meiner Verzweiflung als Antwort fiel mir nur die nächste Station „Pergern" ein und sprach dies besonders liebevoll aus.

Wieder trafen sich unsere Blicke und festigten sich. Ihre Schönheit ließ nicht einmal zu, um nach ihrem Namen zu fragen, ebenso still verhielt sie sich. Das Kratzen des Pullovers wurde immer stärker, ich stand auf und ging auf die äußere

Plattform des Waggons. Zu meiner Überraschung tat sie dasselbe und folgte mir.

Wir standen gegenüber, eine kleine Birne gab fahles Licht, das oberhalb an der Überdachung angebracht war und erhellte ihr Gesicht. Der aufgewirbelte Schnee fing sich auf ihrer Angorahaube und schmolz langsam. Wieder fanden sich unsere Augenpaare, kein Wort unterbrach die Gemeinsamkeit der Gefühle. Das Pfauchen und Pfeifen der Lokomotive, die den Anstieg zum Bahnhof Neuzeug zu bewältigen hatte, gab mir das Signal zum bevorstehenden Ausstieg und des Abschieds.

Gedankenverloren, umgeben von innerer Unruhe, plötzlich steht der Zug still. Ich öffnete den Verschlussbügel, der einen Mechanismus wie ein Flamingo Bein hatte, und wendete mich zum Aussteigen um. Das Mädchen folgte mir und reichte mir ihre Hand. Ich stand bereits am letzten Trittbrett, erfasste die halbhoch geführte Hand und küsste die flaumig behaarte Oberfläche, leicht berührend so wie ich es von meinem Chef gesehen hatte, wenn er ganz gute und liebe Kunden verabschiedete. Der pelzumsäumte Ärmel des Mantels kitzelte in meiner Nase, als ich die Hand an mich zog. Noch einmal sahen wir uns tief in die Augen und der Ruf des Bahnhof-Vorstandes zur Abfahrt, beendete unsere Gefühle. Der Zug setzte sich in Bewegung, ich stand da, die Lichter des letzten Waggons verschwanden bei der nächsten Kurve, nur das Eingangslicht des Gasthauses Hochrainer in Letten waren in dieser Richtung zu sehen.

Die Fahrgäste verließen den Bahnhof und eilten flott in Richtung Neuzeug. Ich ging hinterher, nicht begreifend das ein Mädchen mir liebevolle Aufmerksamkeit schenkte. Weder Name, noch Herkunft konnte ich erfahren. Ich sah sie nie wieder. Ich unterdrückte den Gedanken, da es vor Weihnachten war, dem Christkind begegnet zu sein.

So ging ich den Weg, Gott sei gedankt eine Brücke, über die Steyr nach Hause. Vorbei an den Objekten des Neuzeughammers, auf dessen Areal ein großer Lindenbaum stand. Als ich vorbeiging und mein Elternhaus im „Grieß 21" anpeilte, verwickelte mich der Lindenbaum in ein Gespräch. Es war Winter, doch der Duft der Blüten zog mir durch die Nase und erinnerte mich an den vergangenen Sommer. Ich blieb stehen. Er erzählte mir von Liebschaften und heimlichen Treff´s unter seinen Ästen, von unerfüllter Liebe, von Mord und anderen Scheußlichkeiten, die sich zutrugen. Ich aber erzählte ihm von meiner Begegnung mit einem Mädchen oder vielleicht mit dem Christkind vor einer halben Stunde. Der Duft der Lindenblüten wurde durch einen kräftigen Wind und beginnenden Schneefall weggeblasen. Doch wir versprachen uns, dieses Gespräch in uns zu bewahren.

Zuhause angekommen, begann ich sofort mit den Hausaufgaben, die meine Mutter überraschten und Bewunderung auslösten. Es gab nur einen Tisch und den teilten wir uns. Ich – die Hausübung und sie – den Teig für die Kekse. So geschah es, dass beim Teigkneten ein Schwall des Mehles beim Vermischen mit dem Eidotter sich über mein Heft ergoss. So hatte ich einen Anlass, mich in mein Mansardenzimmer zu verziehen. Auf dem Schubladenkasten stand eine Kerze und mangels anderer Beleuchtung, entzündete ich sie. Ich wollte noch lesen, aber mir ging die Begegnung mit dem Mädchen, oder war es doch das Christkind, durch den Kopf. Das Gespräch mit dem Lindenbaum, diese Innigkeit, bestärkte mich, etwas Wunderbares erlebt zu haben. Ich dachte an meine Freunde und Verwandten. Ist denen auch schon einmal das Christkind begegnet?

Vielleicht in anderer Form, aber bestimmt nicht wie bei mir. Nur ich hatte das Glück, dem Christkind in die Augen zu sehen - und wem hatte das Christkind jemals die Nase mit einem Pelz gekitzelt?

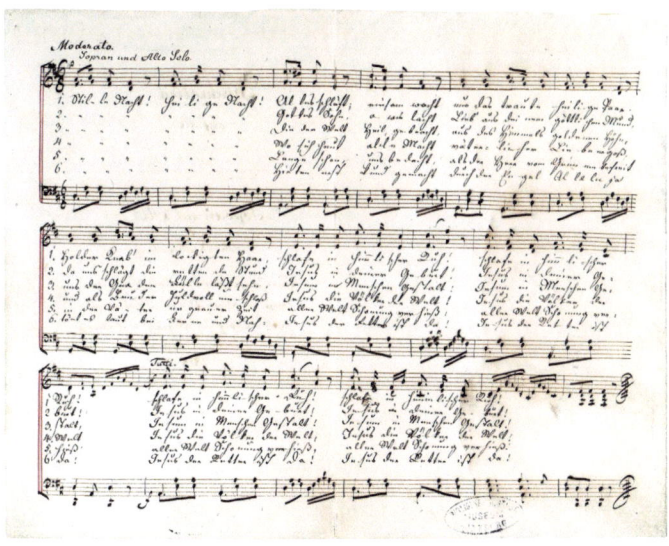

Stille Nacht 1818, Musik: Gruber – Text: Mohr

Als ich auszog, das Christkind zu suchen

Still war´s in Neuzeug, damals an jenem Tag vor der Heiligen Nacht. Still war´s, nicht einmal die Ziegen meckerten um das Futter im Stall. Die Maschinen und Hämmer der nahegelegenen Besteckfabrik Neuzeughammer standen still. Flockig und weich lag der Schnee auf den Häusern und aus den Kaminen tänzelte der Rauch. Eine eigenartige Stimmung überfiel unser Haus.

Ich war allein, meine Eltern waren fortgegangen, um Besorgungen für das Fest zu machen. Ich war Volksschüler und machte mir Sorgen, dass das Christkind vergesslich sein könnte, denn schon drei Mal waren die gleichen Sachen unter dem Christbaum gelegen. Die gleichen Schier, nur einmal mit neuen Schuhen und ein anderes Mal mit einer anderen Farbe. Ein Stück Stahlkante daran aber fehlte jedes Mal. In dem Brief an das Christkind stand in diesem Jahr etwas Anderes.

Der Brief, den ich zwischen die Fenster gelegt hatte, wurde verlässlich abgeholt. Trotzdem wurde immer wieder gemunkelt, dass es gar kein Christkind gäbe. Ich dachte, ich könnte es meinen Freunden beweisen. Nur die geheimnisvolle Zustellung der Geschenke am Heiligen Abend ließen doch ab und zu Zweifel in mir aufkommen. Trotzdem erzählte ich allen vom Christkind. Ich wusste, dass es ganz bei uns in der Nähe, in Christkindl bei Steyr, zuhause war. Denn meine Großeltern wohnten in Haidershofen bei Steyr und ein paar Mal im Jahr fuhr ich gemeinsam mit meinen Eltern von Neuzeug mit der Steyrtalbahn zu ihnen. Auf diesem Weg gab es eine Station, die hieß „Unterhimmel". Oberhalb dieser Haltestelle steht auf einer Anhöhe eine Kirche mit zwei Türmen. Dort sei das Christkind zuhause – das hat mir meine Mutter immer wieder erzählt. Es war ja auch einleuchtend: unten Unterhimmel und oben Christkindl. Je mehr ich über das Christkind nachdachte, desto mehr kam der Wunsch in mir auf, das Christkind einmal zu besuchen und es zu uns zu holen. Bis Christkindl waren ja nur zwei Stationen zu gehen. Also hielt mich nichts zurück.

Auf dem Weg nach Christkindl. Die von meiner Großmutter erzeugten Holzbummerln an den Füßen und mit einem eng anliegenden kratzenden Pullover, einem umgefärbten Wintermantel mit zu langen Ärmeln und einer umfunktionierten Wehrmachtskappe auf dem Kopf, so verließ ich das Haus. Niemand sah mich, als ich zuerst entlang des Flusses Steyr und dann über die Brücke ging. Die Steine am Ufer, vom Eis überzogen, glitzerten bläulich. Das Gurgeln des Flusses war verstummt und die Forellen und Äschen waren nicht zu sehen. Vielleicht waren ja auch sie auf dem Weg zum Christkind? So erreichte ich die Gleise der Steyrtalbahn. Vom Kirchturm in Neuzeug ertönte die 12-Uhr-Glocke, und ich machte mich auf den Weg flussabwärts Richtung Christkindl.

Im Dampf der Lokomotive. Plötzlich begegnete mir ein Mann und sagte, es sei doch sehr gefährlich, auf den Gleisen zu gehen. Wenn ein Zug über einen drüberfährt, dann sei man nachher so flach wie ein 10-Groschen-Stück, meinte er. Da nahm er ein solches Geldstück aus seiner Hosentasche und legte es auf die Schienen. Dann legte er sein Ohr auf die Schienen und horchte auf den herankommenden Zug. Der Lokführer gab mit seiner Dampfpfeife ein langes Signal ab. Wir sprangen zur Seite in den Schnee. Der flockige Schnee, vermischt mit dem Dampf der Lokomotive, erfasste uns und wir sahen nichts mehr. Als ich die Augen wieder öffnete, sah ich das 10-Groschen-Stück platt auf den Schienen liegen – unkenntlich als Zahlungsmittel.

Der fremde Mann schenkte mir dieses Stück und ging wortlos weiter. So belehrt verließ ich tatsächlich die Gleise und setzte meinen Weg durch den Buchenwald fort, immer noch in Richtung Christkindl. Als ich dann vor der Kirche stand, klemmte die Tür. Oder war sie gar zugesperrt? Da bemerkte mich eine Frau, die aus der gegenüberliegenden Loreto-Kapelle kam. Sie ging auf mich zu und fragte freundlich, was ich vorhabe. Da erzählte ich ihr vom Christkind, das, wie ich von meiner Mutter wüsste, hier wohne, und dass ich vorhätte, es zu holen. Sie staunte über mein Ansinnen, lächelte ein wenig, schaute mich von oben bis unten an, entdeckte meine Holzbummerln und sagte: „Gehen wir hinein, drinnen ist es wärmer!" Mit einem kräftigen Stoß öffnete sie die Eisentür.

Ein Kind aus Wachs. Ich wusste nicht, wo ich zuerst hinschauen sollte, um das Christkind zu finden. Ein großes

Gitter versperrte den Weg in das Innere der Kirche. Die goldene Farbe des Altares und die Gemälde an den Wänden überraschten mich genauso wie die Höhe des Raumes. Ich fragte die Frau ganz leise, wo denn das Christkind sei. Da zeigte sie mir die Weltkugel am Altar und fragte mich, ob ich dort den dunklen Baumstamm sehe. Darüber wäre das Christkind in einer Nische. Es sei aber nur 10 cm klein, aus Wachs, und vor vielen hunderten Jahren von einem frommen Mann hierhergebracht worden. Ich war erstaunt, konnte es nicht glauben: nur 10 cm hoch und aus Wachs?! Mitten in meiner Enttäuschung sah ich, wie plötzlich auch noch andere Leute da waren, wahrscheinlich auch, um das Christkind zu holen, wie ich dachte.

In Wirklichkeit aber falteten sie nur die Hände und versanken im Gebet. Ich wollte weggehen, um den Nachhauseweg anzutreten. Da sprach die Frau zu mir über das Christkind in Christkindl. Dieses sei hier noch zu klein, um die vielen Geschenke zu verteilen. Daher habe es die Eltern ersucht, hier mitzuhelfen, um Freude zu bereiten. Ich fühlte etwas Warmes in meinem Herzen und dachte an meine Eltern und an die Botschaft des Christkindes.

So ging ich also ohne das Christkind wieder nach Hause und habe von meinem Abenteuer am Vortag des Heiligen Abend niemandem erzählt. Das Christkind aber kam jedes Jahr pünktlich am 24. Dezember: Wenn es in Wachs auch nur 10 cm groß war, in mein Herz kam es doch immer groß und lebendig.

Betrachtungen zu „Stille(n) Nacht – heilige(n) Nacht"

Gelesenes – Wirkliches – Erlebtes

Am 24. Dezember 1818 wollte in der St. Nikolaus-Kirche zu Oberndorf keine rechte Weihnachtsstimmung aufkommen. Weich fiel der Schnee auf die Häuser und die Leute der Umgebung würden bald mit Gebet und Musik die Mette feiern.

Der 26-jährige Hilfspriester Josef Mohr war gerade dabei, Vorbereitungen für die musikalische Umrahmung zu schaffen, konnte aber der alten Orgel keinen Ton entlocken. Mohr war entsetzt. Bis auf ein paar kratzende Pfeifer – sie blieb stumm. Weihnachten ohne Orgel war unvorstellbar. Mohr, der uneheliche Sohn einer Strickerin und eines Soldaten, hatte eine Begabung für sie. Schon in der Schulzeit war er durch gutes Geigen- und Gitarrenspiel aufgefallen. Mohr besuchte ein Priesterseminar, wurde 1815 zum Priester geweiht und nach Oberndorf an der Salzach beordert. Hier überraschte er durch sein gutes Gitarrenspiel, bei der er von Volksmusik zu Kirchenliedern wechselte.

So entschloss er sich - Weihnachten ohne Orgel - ein neues Lied zu verfassen. In der Stille seines Zimmers, über ein leeres Heft gebeugt, fiel ihm eine Familie ein, deren Neugeborenes er zu segnen hatte. Die Erinnerung, wie die Mutter den

Säugling warm eingepackt hielt, ließen seine Gedanken an eine ähnliche arme Geburt vor fast 1800 Jahren aufleben.

Er begann zu schreiben und wie eine himmlische Eingebung erschien auf dem Papier „Stille Nacht, heilige Nacht". Einfach wie ein Kindervers stand in 6 Strophen die Weihnachtsgeschichte da. Nun galt es keine Zeit zu verlieren und so ging er nach Arnsdorf um seinem Freund Franz Xaver Gruber sein Ansinnen mitzuteilen. Dieser war im Musikfach ein versierter Mann und beruflich als Schulmeister ansässig.

Als Gruber die Zeilen las, war er von ihrer Schönheit und Unschuld tief bewegt. Er machte sich an die Arbeit und spät abends brachte der Schulmeister die Noten. Mohr sollte die Gitarre spielen und Tenor singen, während Gruber den Bass-Part übernahm. Und zum Schluss würde der Chor in den Refrain einstimmen.

Bei der Mette war die kleine Kirche vom Klang der Gitarre und zweier weichen Stimmen erfüllt. Andächtig lauschten die Gläubigen einem Weihnachtslied, das so klar und rein wie ein Gebirgsbach war.

Die Messfeier war gelungen und die Gemeinde kniete im Gebet und war erfüllte von der Botschaft dieses Liedes.

Damit wäre die Geschichte beinahe zu Ende gewesen. Mohr und Gruber hatten ihr Weihnachtslied als Lückenbüßer für die ausgefallene Orgel geschaffen und kaum daran gedacht, es jemals wiederaufzuführen. Es wurde wieder still, so wie die Nacht, von der es erzählt.

Jeder von uns hat seine eigene „Stille Nacht, heilige Nacht"-Erinnerungen aus seiner Kindheit im Herzen. Auch bei uns fiel der Schnee weich auf die Häuser und die Vorbereitungen für das Fest liefen an. Bei uns waren diese gekennzeichnet von alljährlich wiederkehrenden Aktivitäten meiner Eltern, die sich in den Nachkriegsjahren um die Versorgung der Familie drehte. Rund acht Tage vor dem Fest wurde ein Schwein geschlachtet.

Schon bei der Auswahl des Tieres wurde heftig diskutiert, wobei meine Mutter die schwerere Variante bevorzugte, um auch beim „Fettauslassen" die Töpfe zu füllen. Meine Tätigkeit war beim Schlachten nur von kurzer Dauer, Blut auffangen und rühren, dass es nicht stockte. Geschickter war mein Bruder, der bei der Zerlegung und Darmwäsche seinen Mann stellte. Diese Arbeiten, bis alles richtig geteilt und verteilt war, wurden mit einem gemeinsamen Essen „dem Abbrasselten" gekrönt und die Freude war bereits Einstimmung auf die Heilige Nacht.

Die Tage des Festes kamen näher, der Geruch von Gewürzen, frischem Fleisch, Blut und Leberwürsten, wurden von den lieblichen Düften des Backens verdrängt. Es gab bestimmte Kekssorten, alle von schlichter Einfachheit, aber viele Formen. Der Duft und die Beschäftigung weckten auch andere Gedanken.

Die Krippe muss noch aufgestellt werden. Denn ohne sie wäre nicht Weihnachten. Nach längerem Suchen fand sie sich, zusammengelegt und wie jedes Jahr etwas ramponiert, unsere Papierkrippe. Da fehlte dem hl. Josef die schützende Hand oder dem Esel sein Ohr. Jetzt galt es dies wiedergutzumachen. Man brauchte einen Kleber, um die Teile wieder in die richtige Position zu bringen. Der fehlte aber mangels finanzieller Flüssigkeit. So wurde aus Futtermehl und Wasser ein „Papp" gemacht. Einmal zu dick und dann zu dünn, und die Spuren meiner Tätigkeit wurden immer mehr sichtbar. Ich schaute verzweifelt Ochs und Esel an, diese nickten verständnisvoll und die Engerl oberhalb setzten gerade zur Verkündigung an. Nun wurde geschmückt und an den Vorhängen Reisig befestigt. Von wo der mittelgroße Weihnachtsbaum herkam, ist mir nach wie vor ein Rätsel, denn Wunder gab es doch nur in Bethlehem.

Langsam breitete sich Ruhe und Stille aus, der Heilige Abend nahte.

Das Vieh, Ziegen und Schweine, waren versorgt. Das Tischtuch, gestickt mit blauen Verzierungen, wurde ausgebreitet. Jetzt wusste jeder, es beginnt. Mit einem ausgedienten Bügeleisen, gefüllt mit Glut und Weihrauch, wurde der Rundgang gemacht und der Segen für Haus und Vieh erbittet. Mit der Rückkehr ins Haus stieg die Erwartung, was kommen wird.

Wir waren brav wie selten zuvor und saßen zu Tisch, ohne zu rangeln, unterm Tisch versteht sich. Mit der Aufforderung die Geigen zu stimmen und Weihnachtsmusik erklingen zu lassen, begann die Feierlichkeit. Der Christbaum erstrahlte und die Kugeln, die jedes Mal dieselben waren, genauso wie die Vögel, leuchteten in der Helligkeit der Kerzen und als wir „Stille Nacht, heilige Nacht" anstimmten, war es in unseren Herzen genauso wie in dem Jahr, als die Orgel in Oberndorf stumm blieb.

Die unvergesslichen Worte und Melodien klingen auch heute noch in aller Welt, um von den Geschehnissen dieser Nacht zu berichten.

Uns wurde aber ein Lied ins Gepäck des Lebens gegeben, das die tiefen Gefühle von Frieden und Freude ausdrückt.

Eine tierische Weihnachtsgeschichte

Fröhlich standen sie vor sich hin und lauschten den Gesprächen der Erwachsenen im Hof. Ich spreche von 2 Ziegen, die nur immer wieder „Fröhliche Weihnacht" und „Ein frohes Fest" und so was Ähnliches einige Male hörten. Sie schauten sich mit ihren Glupschaugen an, nickten mit den Hörnern und wedelten mit ihrem kurzen Schwanz.

„Ja, es ist wieder so weit", grunzte das Schwein an der anderen Ecke des Stalles. „Ich werde geschlachtet, nur, dass die alle fröhliche Weihnachten feiern können."

„Eine schöne Bescherung", krähte der Hahn, ganz links oben, „auf mich haben sie es auch abgesehen."

„Man braucht eine Menge Glück und Verstand im Leben", meinte piepsend die Mäusemutter und huschte in den Holzverschlag, der ein Loch hatte. Während sie so meckerten, fiel einer Ziege ein, sie hätte von ihrer Mutter und diese wieder von ihrer Mutter usw. erfahren, dass Weihnachten nur wegen einer Geburt im Stall gefeiert wird. Das Kind lag in einer Futterkrippe und Ochs und Esel standen ganz nah dabei.

Die Eltern waren besondere Leute, umgeben von Engeln und Hirten, die in der Nähe des Stalles, auf ihre Schafe aufpassten. Die zweite Ziege fragte gar nicht nach dem Namen des Kindes, sondern hinterfragte meckernd, wieso bei so einer wichtigen Geburt nur Ochs und Esel und keine Ziegen dabei sein dürfen.

„Ein Ochs, der für gar nichts taugt, nicht einmal Nachkommen hat er, und ein Esel, der nur große Ohren hat und schließlich in der Salami endet, sind nicht tauglich für so ein Fest. Wir aber, die Ziegen, sind sparsam, schön, geben Milch und bringen Kitzchen zur Welt, das hört sich schon besser an, das sei einmal gesagt, basta!"

Stille war im Stall nach dieser Ansage, das Schwein grunzte verlegen und die Mäusemutter blinzelte aus dem Loch, gleich neben dem Futtertrog.

Da geht die Stalltür auf und meine Mutter betritt den warmen Raum, um die Fütterung vorzunehmen.

„Heute ist Heiliger Abend, meine Lieben, es gibt Extra-Portion und Milch, und schaut nicht so traurig drein, freut euch mit uns, es ist eine besondere Nacht, eine heilige Nacht." „Ja, besondere Nacht", meckerte eine Ziege, „wir sind ja nicht erwünscht, wenn ein Kind geboren wird, nur Ochs und Esel dürfen dabei sein." „Psst – jetzt sage ich euch etwas, dann verfliegt eure Traurigkeit. Ich bekomme auch ein Kind, aber nicht am Heiligen Abend, sondern später, wenn im Garten alles grünt, der Flieder blüht und eure Kitzchen um euch herumspringen. Da dürft ihr dabei sein, weil für Ochs und Esel haben wir keinen Platz." Die Ziegen machten vor lauter Freude vom Stand aus einen Hüpfer, das Schwein meinte:

„Wenn ich nur das erlebe!", der Hahn krähte kräftig, und die Mäusemutter tanzte auf einer Holzstange.

Und ich, im Bauch meiner Mutter, gab einen kräftigen Stoß mit meinen Beinchen, dass sie erschrak. Denn wer erlebt schon solch tierische Weihnachten, nur ich hatte das Glück!

Kapitel 3 - Erwachsen

Radweltmeisterschaft der Bäcker und anverwandte Berufe

Saint Hubert, Belgien

Eine romantische Reise 8. März 2004

Früher war ich jung und schön, heute bin ich nur mehr „und". Die bemalten Kulissen auf der Bühne des Lebens haben sich verschoben, sind verblichen, manche sind umgefallen, verstaubt und eingestürzt. Ich wische mir den aufgewirbelten Staub aus den Augen. Ich sehe klar und in den Händen halte ich nur einen Bilderrahmen. Wo ist das Bild, das mich erfreute? Ich nahm den Rahmen und hielt es gegen die gelben Rapsfelder, die unser Land überziehen und fand keinen Schatten mehr, der mich bedrückte. Jedes Jahr um diese Zeit, an den Rändern der Felder blühen Klatschmohn und wilde Kamille, tauche ich durch das Tor der Fantasie in das Opernhaus „La Fenice" in Venedig ein.

Ich wollte sie wieder treffen und mit meinen Händen das kleine Glück zu erfassen. Im matten Scheinwerferlicht stand sie vor mir. Bleich, kränkelnd, zart „MIMI" ansatzlos begann ein Geiger im Orchestergraben zu spielen. Ich nahm ihre eiskalten Hände, wärmte sie, und lauschten der Musik, die nur für uns bestimmt war. „Wie eiskalt ist dies Händchen", mein Belcanto und ihre zarte Stimme, unsere Hände unsere Körper, verbanden sich und im ansteigenden Crescendo wurde unsere Fantasien zu romantischen Tollheiten erregt. Die Musik verstummt, eine halbdunkle Bühne, kein Applaus, ihr Bett am Abgrund stehend. Gerade noch das Glück in den Händen, nicht die Trennung? Fröstelnd nach Wärme haschend steht sie da, nicht ahnend um die Schwere ihrer Krankheit. Meine Augen wurden wässrig, die Tränen fielen auf ihr Kleid und wurden zu goldenen Perlen. Traurigkeit und Ohnmacht im Herzen, Glanz der Perlen um ihren Hals; Erinnerung an unsere Liebe, unser Glück, als ein Teil von uns. Schwankend und ergriffen verlasse ich die Bühne, echomäßig die wunderbaren Melodien im Kopf. Da begegnet mir am Weg zum Buffet ein Mann, schon ziemlich benebelt und fragte nach meinem Kummer, den ich nicht verbergen konnte. Ich erzählte ihm von meiner romantischen Reise, von meiner Liebe zu MIMI und auf der Suche nach Violetta Valery und Flora Tosca.

Da begann er zu erzählen von seinen Geliebten und von den drei Frauen, die er geliebt hatte, von Olympia, Giulietta und Antonia. Jetzt erkannte ich ihn: Es war Hoffmann. Wie konnte es geschehen sich in eine mechanische Puppe zu verlieben, eine Kurtisane, die ihn gefoppt hatte, und Antonia, die nicht singen sollte, und stirbt. Wir gingen zurück und setzten uns. Hoffmann bestellte Wein, stand auf, sang laut vor sich hin „Welches Glück ist denn das Deine"; dass beglückende Gefühl seine Stimme voll zu entfalten, meinte ich. Ich war glücklich, den Stars in „La Fenice" begegnet zu sein. Wir umarmten uns und verließen das Gebäude. Hoffmann trank weiter. Eine Gondel brachte mich nach San Marco und Giulietta stieg zu mir ein. In meiner Fantasie liebte auch ich sie. Auch sie betrog mich, die Gondel legte ohne sie am Ennskai an und nun bin ich wieder bei euch, liebe Freunde.

Eine Bank zu Mittag – oder die Bank an der Enns!

Unaufgeregt fließt sie durch Steyr, die säuselnde Botschaft aus den Bergen. Nach vielen Kilometern, die Kraft des Wassers bei den Turbinen gelassen, etwas müde, wartet sie auf die sprudelnde Steyr, um neue Kräfte aufzunehmen. Eine Unendlichkeit, die schwer zu verstehen ist. Mit dem Blick auf das Göttliche, welches des Öfteren unter der Realität leidet, wird dies in der nahen Sankt Michaels Kirche sichtbar.

Hier an der Enns steht die Bank, wo ich meine Mittagszeit verbrachte.

Ein Kajakfahrer bemüht sich, flussaufwärts den Wellengang zu pflügen. Im rhythmischen Paddelschlag vergisst er die Sorgen des Alltags, den sichtbargewordenen Abwurf der Last.

Ich war jung und Verkäufer bei Julius Meinl am Stadtplatz in Steyr. Mit cremefarbigem Hemd, ein kaffeebraunes Mascherl, einen eleganten Arbeitsmantel – einfach fesch! „Womit darf ich dienen?" Mit dieser fast untertänigen Frage wurden die Kunden nach ihren Wünschen befragt. Denn wer bei Julius Meinl einkauft – hatte nicht nur Qualität im Kopf, sondern etwas mehr Geld in der Tasche. Ich liebte den Duft des Kaffees, der sich beim Mahlen ausbreitete. Mein Geruchssinn nahm auch heimlich an Erlebnissen zu. Ich konnte den Duft bzw. Parfum unserer Kundinnen einordnen. Ob „Channel Nr. 5" oder „4711 aus der Glockengasse in Köln". Ich war verwirrt und kannte die Kundinnen, die mit Fenjal badeten, feine Damen der Gesellschaft, wie man zu sagen pflegte.

Ich schaute verstohlen in die Augen und senkte meinen Blick auf ihren Busen. Von ihren Gesten überzeugt, waren einige in mich verliebt. Es schickt sich nicht, hier „anzubandeln", meinte mein Chef, der natürlich meinen Umgang mit den Damen bemerkte, nicht bei Julius Meinl.

Mittagspause: Wie des Öfteren, die Zeit an der Enns unbeschwert, liefen die Gedanken durch den Kopf. Ich freute mich des Lebens. Mit dem Blick auf die Altstadt begann ich zu denken, was wird die Zukunft bringen. Was wird im Jahr 2000 sein? Wo bin ich dann?

Wieder Mittagspause: Ein Weidenstock am Ufer lässt seine Ruten ins Wasser hängen – auf und ab – einmal im Wasser – dann luftig nach oben. Wer ist der Stärkere – ich die Rute oder du die Enns. Nebenbei tanzen einige Lindenbaumblätter auf einer Welle. Ein Symbol der Liebe vereinigt sich, und werden von den Wellen entführt.

Mittagspause: Jetzt waren sie wieder da, Gedanken an besondere Kundinnen, die ich bediente, bedienen durfte. Ich spürte, etwas ist anders. Eine hübsche Frau – großer Gestalt, mit einer Sprache, die nicht aus dem Steyrtal kam, betrat das Geschäft. Etwas schreckhaft fragte ich nach ihren Wünschen. Ich wurde lebendiger, ihre Augen und die Sprache haben mich beflügelt, die richtigen Sätze, die richtige Beratung, und die angenehmste Form des Verkaufs war uns beschieden.

Für wen darf ich die Waren zusammenstellen: Etwas leise und lächelnd – für Frau Dora Dunkl – nannte mir die Adresse und die Uhrzeit der Lieferung. Fast feierlich gab sie mir eine Einladung zu einer Lesung im Dunklhof am Abend in die Hand. Serenade – Lyrik – Musik – ich war neugierig, doch der Alltag deckte die Neugierde zu und auf den Stufen der Erinnerung steht die Begegnung mit einer anerkannten Lyrikerin in meinem Herzen.

Mittagspause: In meinen Gedanken, ein Tag der lustigen Ereignisse. Eine modisch gekleidete Dame betrit das Geschäft. Sie geht nicht, sie schwebt. „Die Stadt kennt sie" Frau Landa vom Modehaus Landa in der Sierningerstraße. Wenn sie von der Enge kommend den Stadtplatz betrit, hebt der Löwe am Bummerlhaus sein Schwänzchen. Eine offene Bluse, bis zum „Jesus, dir leb ich", ein wallendes Schultertuch und ein ausgefallenes Beinkleid. Ich bediente sie gerne. Mit ihr ging es lustig zu – ihre Art die Dinge, die sie möchte, zu umschreiben, löst im Geschäft Heiterkeit aus und sie verstand es prächtig für ihr Modehaus zu werben. Ihr Gatte – rank und schlank – war ebenfalls des Öfteren dabei. Auch er modisch der Zeit angepasst und viele glaubten, sie seien in Hollywood, wo gerade gedreht wird – nein – es war in Steyr am Stadtplatz 32 – ein Paar, wo nur noch der Papagei auf den Schultern fehlte – ein amerikanischer Traum – Eleganz – Mode – versteckte Schönheit – Farbe und Mut – mir gefielen sie und sind meiner Erinnerung sicher!

Mittagspause: Gedanken zum Bedenken!

Unscheinbar, blass im Gesicht, in devotem Verhalten, leise Stimme, kein Aufsehen, bescheidener Einkauf – so die Darstellung einer besonderen Frau, deren Berühmtheit ich erst spätere Jahre erfahren durfte. Ich bediente sie gern, die Frau eines Zahnarztes in nächster Nähe. Ich vermutete, ihre Bescheidenheit sei durch die Kriegsjahre geprägt, doch es war das Leben einer Einsamkeit, so wie die Gegend, wo sie geboren wurde. Die Schriftstellerin aus dem Steyrtal. In einer Betrachtung über unsere Kunden, besonders die ich gerne bediente, gehörte Frau Marlen Haushofer dazu. In Erinnerung an diese Frau schreibt Frau Britta Steinwendtner ihr zugedacht von deren Gemüt und Hochzeit in Frauenstein – „Maria, hast du vergessen, deinen goldenen Mantel um die frierende Braut zu schlagen".

Einige Erlebnisse bei Julius Meinl – Steyr – Stadtplatz 32 – die auch nach 60 Jahren hell und wach in meinem Herzen sind!

1940 in Neuzeug geboren.

„Unterwegs" oder „Der 11. September"

31. Oktober 2004

Im Abteil des Orient-Expresses wurde es dunkel. Wie das Fliegen der Glühwürmchen sah es aus, wenn Fahrgäste auf ihren Handys nachschauten, um SMS oder andere unwichtige Nachrichten abzulesen. Einer tippte an seinem Laptop herum und um seine Wichtigkeit zu unterstreichen, seufzte er ab und zu. Wir dösten vor uns hin, der Weg war weit. Intercity 225 – Orient Express Wien – Paris. Planabfahrt Linz 22.30 – Ankunft Paris 10.45

Wir: Das war mein Freund Johann Breuer, Bäckermeister am Holzpoldgut 10, Gemeinde Lichtenberg, kurz Holzpoldl genannt, und ich. Unser Ziel die Rad-WM der Bäcker und anverwandten Berufe in St. Hubert in den Ardennen – Belgien. Alles war bestens vorbereitet, um zu diesem Ziel zu gelangen. Fahrpläne – Landkarten stets bei der Hand um zu kontrollieren, wo wir gerade sind. Der Morgen graute und Straßburg lag hinter uns. Nancy – Ville dort mussten wir den Train verlassen, um nach Luxemburg und weiter nach St. Hubert, zu gelangen.

Langsam fuhr der elendslange Zug in den Bahnhof Nancy – Ville ein. Wir waren im letzten Waggon mit unseren Rennrädern, die bereits griffbereit von der Halterung getrennt waren. Die Türen öffneten sich, der Bahnsteig war aber noch 100 m weit weg. Holzpoldl sprang hinab in den Schotter und ich ging zu den Rädern, um sie auszuladen. Jeder dachte, der Zug würde wieder anfahren, um die Bahnsteige zu erreichen. Klack – klack, ging es und die Türen gingen wieder zu und der Zug setzte sich in Bewegung. Entsetzt über diese Situation rannte mein Freund nebenher. Umsonst! Wir wurden immer schneller. Ich und 2 Fahrräder auf dem Weg nach Paris Ost, denn es gab keine Haltestelle bis dorthin.

Mein Puls raste, wie konnte es passieren? Mein Freund am Bahnhof von Nancy und ich im Zug nach Paris. Ich ging Waggon für Waggon durch, alles war leer, kein Zugsführer war da und die Schlafwagenabteile, waren versperrt. Tausende Gedanken durchfuhren blitzartig mein Gehirn, aber ich konnte es nicht mehr ändern. Ich nahm Platz und mein Ärger über das Geschehende nahm Kilometer für Kilometer ab. Der Zug nahm Kurs auf Paris. Ich war noch nie dort und in meiner Neugierde mischte sich auch Angst, denn der Sprache nicht mächtig, wie komme ich zurück nach Nancy. Noch drei Stunden Fahrzeit – ich war müde und träumte von den Bildern, oder war es die Landschaft, die vorbeiflog.

Bilder von Monet und Henri Toulouse – Lautrec – Seerosen und Menschen mit Blumen in einer Vielzahl, wie sie mir noch nie begegnet waren. Eine Durchsage im Lautsprecher riss mich aus meinen Träumen und statt Blumen sah ich die Vororte von Paris, die genauso ausschauten wie die von Wels nach Linz. Es war so weit – Paris Ost. Ich hängte mir den

Rucksack um, der Sturzhelm baumelte an der Seite. Links und rechts zwei Räder an den Händen stand ich am Bahnsteig. Absperrungen – Gitter – Polizei – Securityleute mit roten Schleifen am Arm. Kontrolle, alles passt, nur eines nicht, warum zwei Räder. Ich erzählte ihm unser Missgeschick, er nickte, obwohl ich nicht den Eindruck hatte, er hätte mich verstanden. Wo ich auch hinschaute, alle schauten mich an, hatten sie noch nie einen Radfahrer mit zwei Räder schiebend gesehen. Ich blieb in der riesigen Bahnhofshalle stehen, um mir einen Überblick zu verschaffen.

Die Vielfalt an Leuten aus Afrika mit ihren bunten Kleidern ließ mich fast vergessen, dass ich nach Nancy zurückmuss. Ein Security-Mann, ein Schwarzer, hatte Einsehen mit meiner Hilflosigkeit in dieser Menschenmenge und zeigte mir den Schalter für den Fahrkartenverkauf. Eine Schlange von Fahrgästen vor mir, alle mit riesigen Koffern, nur ich mit zwei Rädern. Ruhig betrachtete ich das Geschehen um mich.

So jetzt kam ich dran. Eine Person und zwei Räder nach Nancy - Ville Abfahrt 12.49. Ich schob den Zettel auf, dem dies stand zum Schalter. Eine platzfüllende Frau tippte etwas in den Computer, der die Billetts ausdrucken sollte. Sie nickte ihren Kopf des Öfteren von links nach rechts, was so viel bedeutet wie – geht nicht! Sie erklärte mir, es gäbe für eine Person und ein Rad Billetts, aber für zwei Räder und eine Person kein Billett, denn es gibt keinen Menschen auf der Welt, der mit zwei Rädern auf einmal fahren könne.

Und das alles auf Französisch. Jetzt verstand ich alles, ich lächelte glücklich zurück. Während ich froh und glücklich war, meine Fahrkarten für zwei Personen und zwei Räder für 100 Euro in den Händen zu haben, wurde ich am Gang zum Bahnsteig kontrolliert. Längere Zeit bemerkte ich schon die Blicke, die auf mich gerichtet waren. Mein Reisepass, den ich immer eng am Körper trug, zog ich hervor und die Fahrkarten aus der Außentasche am Rucksack gab ich zur Kontrolle. Plötzlich war die Freundlichkeit des Beamten weg, denn eine Person und zwei Fahrräder, obwohl auf dem Billett zwei Personen standen, das war nicht lupenrein.

Ein zweiter Beamter und ein Security-Mann wurden beigezogen und mir war klar, ich bin ein Terrorist. Einer hob das Rad vom Holzpoldl in die Höhe. Vielleicht war der Rahmen mit Sprengstoff gefüllt, die Glocke als Zündmechanismus, wer weiß. Langsam bekam ich weiche Knie. Einer beäugte auch meinen Rucksack. An der linken Seite sah es so aus, als wäre eine Pistole oder etwas Gefährliches drinnen. Noch dazu schaute oben etwas Bräunliches heraus. Auf der rechten Seite auch eine eigenwillige Verformung.

Die Beamten zwinkerten sich zu und ich sah mich bereits in U-Haft. Aus mit der WM in Belgien. Gerade heuer wollte ich Weltmeister werden. Alles vorbei! Und was denkt Holzpoldl von mir, denn es war sein Rad, das Aufsehen erregte. Jetzt griff einer in den Mittelteil und zog die Hand blitzartig zurück. Um Gottes Willen – ein Plastiksprengstoff. Es kam, wie es kommen musste, ich machte den Rucksack langsam und bedächtig auf. Ringsum gafften die Leute, was denn hier vorgeht.

Zwei Kornspitze kamen zum Vorschein, die Trikots konnte ich drinnen lassen und an den Seitentaschen war Cabanossi in Vakuum verpackt in Reserve, falls es nichts zu essen gibt. Nun fehlte die Erklärung für die zweite Person. Immer mehr setzten sich bei den Beamten meine Erklärungen über den Verbleib von Holzpoldl durch. Ich war froh, noch im Besitz aller Gliedmaßen zu sein, denn sonst wären meine Übersetzungen falsch verstanden worden, denn mit Deutsch hatten sie keine Freude.

Noch zweimal musste ich den Rucksack öffnen, um zu beweisen, dass alles rechtens zugeht. 12 Uhr 49 Paris Ost, der Zug fährt ab und auf der Anzeigetafel das Datum 11. September 2004, worauf sich vieles erklären lässt.

Sich auf den Weg machen

Endlich wieder ein Winter mit viel Schnee in den Bergen. Die Lust, die unberührte Pracht zu durchschreiten, ist verlockend. Ich ziehe eine Spur, die zum Weg wird, drehe mich um und sehe das auch die Anderen diesen Weg nutzen. Innerlich merke ich, dass ich noch einmal ein Kind sein darf, im Schnee wühlen kann, eine Harmonie im Herzen trage.

Nun bin ich achtzig Jahre. Wie geht dieser Weg weiter? Ich höre das Kind in mir, das mir sagt: „Gib mir was ich brauche und nimm an, was ich dir geben möchte." Gehe ich den Weg der Erinnerung? Anselm Grün schreibt über das innere Kind: „Ein Paradies, aus dem wir nicht vertrieben werden können." Ansichten und Absichten von mir ändern die Wege, das Leben wird kurviger - es wird steiler – die Schritte werden leiser.

Die Träume und Begierden – über viele Jahre des Lebens ungeduldig erwartet, verlieren die Kraft. Neue Erkenntnisse im Alter öffnen unbekannte Gebiete im Leben. Der Weg des Schweigens, eine Erkenntnis bei meinen Pilgern, tröstlich und wohltuend, ist die Beobachtung von Gottes Natur. Das Schauen wird zum inneren Gebet. Mein Weg der Wünsche, beinhaltet das Morgenrot zu sehen und das Abendrot zu genießen, dazwischen eingebettet der Alltag, der nicht zu hart werden soll, meine Sorgen zu überwinden, denn Nüsse zu knacken, gibt es viele. Einen neuen Weg im Alter zu finden, ist immer ein Wagnis, wenn ich den Mut habe, loszugehen, kann ein Stolpern möglich sein und dieses anzunehmen – tut weh. Dieser neue Weg, ist ein Weg der Dankbarkeit für das Geschenk der Geduld, Nachsicht und Güte von Gott und den Mitmenschen. Dieser Weg lenkt den Blick auf mein eigenes Leben und der unabdingbaren Veränderung durch den Tod. Franz von Assisi beschreibt im Sonnengesang die Hoffnung und das Vertrauen auf die Entscheidung nach dem Willen Gottes.

Marienpilgerweg von Maria Wörth nach Maria Luggau – Pilgergruppe Enns-St. Marien mit Pater Martin
Foto: Willi Horner

Die Radpilger

Eine velosophische Betrachtung in der vergleichenden Verhaltensforschung nach Prof. Lorenz.

Namen und Personen, die Handlungen und Darsteller, sind jederzeit nachvollziehbar, geben aber keine Gewähr auf die Richtigkeit ad personam. Vergleichen wir Radpilger mit den Wildschweinen. Radpilger treten normalerweise, abgesehen von Einzelgängern, in Gruppen auf. Ihr Verhalten ist ruhig, meist rechtsfahrend. Die bunten Schals, die in der frischen Auluft wehen, sind kein Zeichen sexueller Neigung, sondern ein Ausdruck für den Frieden in aller Welt zu radeln. Ihr Essverhalten verändert sich dramatisch mit den zurückgelegten Höhenmetern, während sich die Trinkphasen über Stunden ziehen können.

Bei Gefahr und aufziehenden Gewittern suchen sie Schutz in Kirchen und Klöstern, beten und singen, um ihre sündigen Seelen zu retten. Vergleichend lässt sich feststellen, dass sich bei der Nahrungsaufnahme, ob Radpilger oder Wildschwein die Größe des Gehirns und Intelligenz für die Menge und Auswahl verantwortlich ist. Wildschweine unterscheiden die von Natur aus angebotenen Feldern, Spezialitäten die sie in den Augebieten und Sümpfen und deren Läufe finden. Radpilger hingegen streifen diese Gebiete nur teilweise, trotzdem gelingt es immer wieder, abgelegene Schlafstätten und Tränken zu finden. Besonders beliebt sind Weinbaugebiete und der in großen Kesseln hergestellte

Gerstensaft. Bereits 1974 hat Nobelpreisträger Prof. Lorenz in Salzburg bei einem Vortrag festgestellt: Nimmt man das Wildschwein in die Betrachtung wie eingangs erwähnt, so drängt sich der Vergleich mit den Radpilgern auf. Unterschiedlich zeigt sich das Gebiet der Verbreitung, besonders bei den Radpilgern, die urbane Flächen vereinnahmen.

Das domestizierte Hausschwein, dass vom Wildschwein abstammt, hat in der Evolutionsgeschichte eine ganz veränderte Entwicklung genommen. Durch die immer gleichbleibende Nahrungsaufnahme, durch den Menschen vorgegeben, keine Bewegung im Stall, verringert sich die Gehirnmasse und bewirkt eine Gewichtszunahme. Vergleichend dazu die Autofahrer. Autobahnen in einer Richtung fahrend, keine Bewegung, Nahrungsaufnahme in den dafür vorgesehenen Abständen und Gefäßen. Daher folgend, weniger Gehirnmasse, desto mehr Gewicht, desto mehr Geschwindigkeit! Prof. Lorenz spricht von einer „Verhausschweinerung" die sich weltweit verbreitet.

Radpilger und Wildschweine sind bisher verschont von dieser fatalen Krankheit der Neuzeit. Die gemeinschaftsfördernde Rottenbildung der Radler, die ungebrochene Leidenschaft im Wasser und zu Lande, das allumfassende Ja zur Natur (ausgenommen ein teilweises borstiges Verhalten in der Paarungszeit).

In den Gebieten mit Glaspalästen mit eigenartig drehenden Logos und Schildern ist die Verhausschweinerung und eine parasitenhafte Gesellschaft drastisch angestiegen. Ein probates Gegenmittel ist noch nicht wirksam, doch mit einem Blick auf Radpilger, und solche die es noch werden wollen, lässt die Hoffnung keimen und pedalieren zum Kulturgut aufsteigen, meint Prof. Lorenz und wendet sich wieder den Graugänsen zu.

Radpilgergruppe des KBW Enns–St. Marien
auf der Fahrt zur Ruine Falkenstein im Weinviertel

Ruhe(t) sanft! Oder R.I.P?

Ausgetrunken sind die Gläser – leer die Flasche mit dem Wein des Lebens. Niemand schenkt mehr nach. Das Dienstmädchen räumt die Gläser weg. Wischt den Tisch ab und geht. An starken Seilen wird der verschweißte Metallsarg in die Gruft hinabgelassen und auf das Podest gestellt. An der Wand wird aus Marmor eine Tafel montiert. Herr Otto Christ – Kommerzienrat – Fabrikant – Handelskammer-RAT, Mitglied des städtischen Beirates des Bundesministeriums für Handel und Verkehr, Verwaltungsrat der Steyrtalbahn, gestorben am 2. November 1931 im 64. Lebensjahr. Mit einem geschickten Hebelmechanismus wird die schwere Grabplatte mit vier eingelassenen Ringen positioniert und die Grabkammer geschlossen. An der Stirnseite des Denkmals steht auf einem Podest eine lebensgroße Frauenfigur mit langem Kleid, in der rechten Hand einen Griffel; sie beendet gerade ihre Botschaft „Ruhet sanft", welche sie unauslöschlich in den Stein geschrieben hat.

Der Kopf seitlich geneigt gibt sie dem Betrachter das Gefühl der Wärme und des Trostes angesichts des uns zu erwartenden Todes.

Einige Schritte weiter. Ein einfaches Holzkreuz steht in der Erde. Kränze verdorren – Kerzen brennen. Eine Tafel verkündet:

Barbara Reichhardt – Pensionistin – gestorben 9. Jänner 2004 im 92. Lebensjahr R.I.P

Unwillkürlich denke ich an eine Liste, wo ich draufstehe, ja bin ich bereits im Wartezimmer? Unruhig werde ich im Herzen. Nähe und Distanz verweben sich und bündeln meine Sehnsucht. Gestern lachten wir noch zusammen. Gestern bikten wir noch. Wie viele Verkleidungen muss ich noch ablegen, um die Frage nach dem Wesentlichen beantworten zu können? Wo ist das Zentrum, die Grenze? Ausgangspunkt und Zielpunkt zugleich, den Ort zu finden, der die Unruhe schwinden lässt. „Unruhig ist unser Herz, bis es ruht in dir" schreibt der heilige Augustinus an die Gläubigen.

Mein Blick streift die umliegenden Gräber, entdecke Nachbarn und Schulfreunde. Die Gedanken an ein Gebet für sie kommen auf. Ich beginne: „Vater unser" und dann stockt er. Eine unsichtbare Hand legt sich um meine Schulter, ich spüre die Schwere und den Griff nach meinem Leben. Mein Herz schlägt schneller, kalter Schweiß steigt auf. Meine Augen trüb und wässrig. Ein Schleier legt sich über die Gräber. Ich bin alleine. Ich wollte weg von diesem Ort. Es ging nicht, die Beine nahmen keinen Befehl an. Angewurzelt und wirr der Kopf. Plötzlich zieht ein auffrischender Wind über Kopf und Schulter. Ich blicke über die umliegenden Gräber und bemerke eine ältere Frau. Wehmut überfällt mich und ich bemerke, dass ich nicht für die Toten in der Gruft und in den Gräbern bete, sondern für mich. Um Verzeihung der Sünden, um Erlösung und eine gute Heimkehr.

Kapitel 4 – Familie

Trude und Stefan - Liebesduett in den Flitterwochen

Die Geschichte des Herzens 20.1.2015 (KHBS Linz)

Es war einmal eine junge Reiterin, die ständig auf der Suche nach dem Glück war. In den Satteltaschen lagen ihre Träume, Hoffnungen, Sehnsüchte und Ängste. Bei ihren Ausritten hatte die junge Reiterin mit dieser Last ganz schön schwer zu tragen. Im Galopp versuchte sie ihre Ängste loszuwerden. Im wilden Ritt entdeckte sie im Stoppelfeld einen Strohballen. Sie hielt an und legte ihre Ängste auf den Ballen. Aber wie werde ich die anderen Dinge los? Ich leg sie einfach dazu, meine Träume – Hoffnungen – Sehnsüchte. Sie trabte im schönen Sommermonat ohne Ballast weiter. Hoffnungsvoll dachte die junge Reiterin ans Glück – doch Traurigkeit stellte sich ein. Sie kehrte um und sammelte ihre Träume, Hoffnungen, Sehnsüchte und Ängste, die noch am Ballen lagen wieder ein. So ging die junge Reiterin neben dem Pferd des Weges nach Hause und erkannte, dass sie das Glück eigentlich die ganze Zeit bei sich hatte und das Glück nur bestehen kann, wenn es dazu auch Hoffnungen – Sehnsüchte – Träume und Ängste gibt. Sie nahm das Pferd um den Hals und flüsterte ihm ins Ohr: Vielleicht werde ich dich brauchen, um dem Glück entgegen zu reiten.

Lea Siegl, Olympiateilnehmerin
Tokio 2021, Vielseitigkeitsreiten

Liebe Freunde - lieber Hans und Liesl!

Es ist nicht einfach? – eine Laudatio zum 80. Geburtstag über seinen Bruder zu halten. Er war der Erste – und ich der Zweite. Der 80. Geburtstag ist immer einer Rückschau wert. Weit mehr als das Aufzählen des Geschaffenen, denn jeder Gedanke hat eine besondere Bedeutung für den Erfolg – unserer Gesundheit und alle unserer zwischenmenschlichen Beziehungen. Bei Leonardo da Vinci habe ich folgenden Text über dieses Thema gefunden. Er schreibt: „Wer findet die Eier, aus dem die Zukunft schlüpft?". Antwort: „Am besten wir selbst". Um diese stimmigen Lebensumstände zu erkennen, der Impuls für dein weiteres Leben – Gesundheit und viele erlebnisreiche Jahre.

Bei der Betrachtung deiner Lebensjahre – Hausbau – Familie – Kinder – Enkerl – fällt nicht nur das musikalische Talent bzw. die Tanzfolge beim Rudenkirtag ins Gedächtnis. Doch über allem ist eine Spezies erkennbar, die ganz selten zutrifft. Es geht um die Liebe zur Vergangenheit – lateinisch „Ferrum Reichhardtensis" also Alteisen.

Die Eisenzeit – ein Zeitalter vom 7. Jahrhundert vor Christus bis ins vergangene Jahrhundert. Die Alteisenzeit setzt sich erst in den 70er/80er Jahren des vergangenen Jahrhunderts durch, deren wichtigster Vertreter und Gründer Johann Reichhardt ist. Im Jahr 2138 wird sein 200. Geburtstag gefeiert. Der bekannteste Fundort ist

„Chicken-Mountainstreet twenty one", ein nacheisenzeitliches Gebiet, wie die Wissenschaft schreibt in Oberösterreich.

Die Lagerung setzt eine besondere Liebe voraus. Ohne Rost geht gar nichts. Beim Umgang mit diesen Dingen bewährt sich eine eiserne Lunge, eine eiserne Hochzeit steht noch bevor – ehe die eiserne Ration vertilgt wird. Weltweit beachtet wird die Wiederverwertung des „Ferrum Reichhardtensis" bei Johann R., der zur Entlastung der Altstoffsammelzentren wesentlich beiträgt.

Die museale Aufarbeitung der Alteisenzeit steht noch bevor. Die Eisenstadt Steyr bemüht sich, an diesen Schatz heranzukommen. Wie aus informierten Kreisen bekannt wurde, sind die Nachkommen des Johann R. mit diesen Genen ausgestattet und möchten die Alteisenzeit nicht missen.

Allein die langjährige treue Gattin des Johann R. würde ein Einschmelzen dieser Funde befürworten und dafür einige Rosenkränze beten. Doch es kommt anders – „Gattin Elisabeth R. gehört zu jenen seltenen Vertreterinnen des schönen Geschlechts, das durch Anmut, fraulicher Wärme, Bescheidenheit, Herzenstakt dem Gatten eine treusorgende Gefährtin, sondern lockende Geliebte und mütterliche Freundin verkörpert", schreibt in einem Auszug die „Bunte" und das „Herzblatt".

Dazu ein Leserbrief über Elisabeth R. von R. St.: Bei ihrer langjährigen Tätigkeit als Beraterin bei Motormähern unterstützt sie ihren Gatten vorzüglich. Alle kamen wieder und wurden Stammkunden. Dieser Erfolg beruht zweifellos auf der zweckdienlichen Beratung, dem charmanten Umgangston, der Sachkenntnis und Pünktlichkeit. In Fachkreisen, die weit über die Hühnerleitenstraße hinausgehen, genießt sie einen besonderen Ruf, denn alle haben Anspruch... so die „Steyrer Zeitung International".

In einem abgelegenen Teil des Hauses befindet sich eine verfeinerte Art der Alteisenzeit. Die Sammlung beinhaltet eine illustre Schar von Rasenmähern, Motorsensen und andere exotische Geräte, die von Motoren verschiedener Art betrieben werden. Es geht zu wie in einem Asylantenheim. Alle wollen wieder mähen – gut verdienen und vor allem wieder gesundwerden. Ja, schreit ein Rasenmäher, ich bekomme zu wenig Luft und nach wenigen Takten glaube ich, ich kann nicht weiter.

Ein eifersüchtiger Mäher aus dem Lagerhaus – grün gestrichen – hält es nicht mehr aus und meint, wenn ich nicht bald gepflegt werde, explodiere ich. Das ist ja gar nichts gegen mich – ich hänge schon jahrelang seitlich an der Wand – anstatt die Steyr, den Alpenfluss zu durchpflügen, ich ein stolzer Kajak. Kein Wunder, ich bin aus Plastik. Ja, alt sollte man nicht werden, ruft daneben die Schwimmweste und lässt die letzte Luft heraus.

Inzwischen bahnt sich eine romantische Liebe zwischen einem 4-Takt-Rasenmäher und einer 2-Takt-Motorsense an. Beide schon etwas „abgemäht", doch voller Elan und zu neuen Taten aufgelegt. Vielleicht gibt uns Johann R. etwas Öl und Sprit, damit wir wieder laufen können. Überhaupt fühle ich mich wirklich wohl, denn ich weiß, hier werde ich gesund gepflegt, meint „Sensi" – die Motorsense. Sag „Mähi" zu mir, wir stehen schon lange so beieinander und ich liebe deinen schlanken Körper. Jetzt habe ich den Faden verloren, bei dieser Liebeserklärung, meint Sensi. Auch ich liebe deine 4.2 PS kräftig – den Sound und die Tätowierung „Honda" auf deiner Brustseite.

Wenn uns Johann und Elisabeth R. wieder auf die Räder und Spule helfen, starten wir unseren gemeinsamen Lebensweg auf eine besondere Art. „Mähi, du machst die Flächen" ruft Sensi und „Ich, die Ecken fein und kurz." Beide lachen herzlich. „Pass auf die Brennnessel auf", scherzt Sensi. Mähi und Sensi duzen sich mit Hans und Liesi. Das geht nur, wenn man sich schon lange im Haus bei der Sammlung geliebt fühlt oder herumsteht.

„Sensi", ich habe eine Überraschung für dich. Du weißt, Harry und Maghan, vielleicht dürfen wir den Rasen pflegen, damit sie ganz weich ins Glück gehen können. Du musst mit dem Rauchen aufhören, weil in England 2-Takt-Rauchverbot ist. Ein Filter würde genügen, meint „Sensi" – doch mit dem Brexit ist alles vorbei.

Traurig – aber voller Hoffnung – bleiben Sensi und Mähi beieinander und beschwören – „welches Glück ist denn das Deine" – ein Funke, der überspringt und zündet.

Hans und Liesi schauen auf die beiden. Verständnisvoll lächeln sich liebevoll an: „Bei uns war es ebenso."

Hans und Liesl Reichhardt

Die dritte Sohle

Traumgeschichten - erschienen im Altstoffzentrumverlag

Eigentlich bin ich froh, den engen, gelben Sack verlassen zu haben, stickig, schweißig, das ist jetzt vorbei. Ich landete beim letzten Flohmarkt, nicht nur ich, ein Wander- und Bergschuh, auch meine Freundin – ein Halbschuh – wie es sich gehört als Paar, bei ganz lieben Leuten. Es sind nicht ganz junge Leute und sollen auch schon Ersatzteile unter der Haut haben. Leider durften wir nicht bei ihnen im Schuhkasten Platz nehmen, sondern uns wurde eine Stellage im nahegelegenen Presshaus zugewiesen. Ein Rundblick erklärt vieles. Wir passten dazu, Leder fehlte noch in der Sammlung: Franzi, sagten seine Eltern, Franzl, seine Frau ganz liebevoll und wir im Presshaus voller Achtung, Herr Franz. Er hat uns vor einem schlimmen Ende bewahrt und hilft uns wieder auf die Beine.

Ja, schreit eine Badezimmergarnitur. Ich hatte Probleme beim Wasserlassen, jetzt ist wieder alles dicht. Eine mit Spinnweben überzogene Toilettenmuschel brummte: Ich war verstopft, Herr Franz löste es ohne chemische Mittel auf seine feine Art.

Seid doch froh, dass wir Bewohner im Raritätenhaus nicht qualvoll geschreddert wurden, tönt es im Chor aus den Stellagen. Wir möchten gerne repariert werden und nicht

herumlungern und nutzlos daliegen. Aber ich habe ein Ausgedinge, pfeift ein Waffenradschlauch, das hat mir mein Erblasser versprochen. Ein Schaltkasten, der früher nur so vor Funken sprühte, verglich das Haus der alten Dinge mit Gut Aiderbichl. Und ich bekomme ab und zu noch einige Tropfen Öl, grinste die Schraube und schaute liebevoll ihre Mutter an. Es blieb nicht unbemerkt, dass eine Europalette und eine ÖBB-Palette kurz nach der Hochzeit von William und Kate eine Liebelei anfingen. Herr Franz stand ihnen mit Rat und Tat zur Seite, vermerkte liebend, dass beide verschiedene Höhen hätten und nicht zusammenpassen, was im Paletten Leben nicht stapelbar ist, wird geschieden. Herr Franz meinte, ob es nicht besser wäre, ihre heiße Liebe im Allesbrenner zu besiegeln. Nein, war die Antwort der beiden. Wir haben eine Hochzeitsreise vor. Ich, als Euro-Palette, möchte gern auf einem Sattelzug nach Bulgarien ans Schwarze Meer. Ich, als ÖBB-Palette, möchte gern ruhiger reisen und kuscheln, denn ich kenne eine romantische Lagerhalle mit Gleisabschluss und auf einer Sparschiene fahren wir günstiger. Wir müssen uns beeilen. Herr Franz wollte mir seitlich eine Latte vom Leibe reißen. Ideal für eine Leiter im angrenzenden Hühnerstall, wie er dachte.
Hätten wir die Adresse Los-Angeles-Sunset-Street 1, wäre unser Leben mit Herrn Franz längst verfilmt.

Aber so: Kottingrath 10

Herr Franz- silbrig glänzend – als James Bond - Herr der Schalter und Expander, Verwalter von Amor und Psyche.

Plötzlich geht die Tür auf, ein feiner Luftzug durchweht den Raum und ein unnachahmlicher Duft von Nivea Körperpuder – kurz Stup genannt – eilt Herrn Franz voraus. Bedächtig steigt er in den Keller, staubt einige Flaschen ab, um den Jahrgang des Weines zu prüfen. Gäste sind angesagt. Zwei Mäuse vertschüssen sich bereits und geben Alarm.

Von und zu und hinten angespreizt, ein lieblich Volk, denen Bacchus das Verlangen nach Wein geschenkt hatte.

Alle gehen ins Presshaus, wir sind erstaunt, wie die uns beäugen. Da nimmt mich einer ganz grob in die Hand und sagt: Du brauchst eine neue Sohle, dann würdest du wieder wie neu aussehen und die nächste Wandersaison kommt bestimmt.

Humanic – Franz

Das wäre jetzt die dritte Sohle. Nein, Herr Franz, bei der zweiten wurde ich ohne Narkose genäht und mir wurde eine geklebt, berichtet weinerlich meine Freundin der Halbschuh. Nochmals viele Kilometer gehen mit Ihnen, Herr Franz, es sei gesagt, sie mit Ihren Bundesheer Socken und löchrigen Stutzen, ich vertrage es nicht mit Ihrer großen Zehe nackt herum zu knuppeln. Ein Gast beruhigt die Situation und rezitiert: „Willst du immer weiter sammeln, sieh das Gute liegt so nah, sollen diese Stücke hier vergammeln, denn das Glück ist immer da!"

Alles im Presshaus und die Gäste, Ersatzteile, Schneeketten – alles war berührt – so herzlich. Ein Winterreifen mit Profil freute sich auf seinen nächsten Einsatz und rief zum Widerstand gegen Neuteile auf. Auf den Stellagen wurde es unruhig. Eine bildungsphilosophische Frage durchschwebt den Raum: Hätten alle ein Presshaus? Antwort: Gäbe es keine ASA! Die in vielen Teilen der Welt als Endlager vorgesehenen Gebiete werden im Presshaus durch einen paradigmatischen Wechsel zu wertvollen Gütern gemacht, der Wirtschaft zugeführt und ökonomisch relevant verteilt, um den monetären Kreislauf zu stärken.

Diesem beispielhaften Verhalten kann ich nur zustimmen, sagt mit rauer Stimme eine betagte Badewanne. Ich erinnere mich gerne an die Vollbäder mit 10 Liter lauwarmen Wasser und Herr Franz plantschte mit seinem Körper genussvoll herum. Ich war froh, dass mir das Wasser nicht bis zum Hals, d.h. bis zum Überlaufrohr stand. Im seifigen Wasser weichte er dann seine innere Wäsche ein. Am nächsten Morgen musste ich das Wasser abgeben und es fand als Insektenschutzmittel gegen die aufkommenden Blattläuse bei den Rosen die letzte Ruhe. Eine Trilogie, die ihresgleichen sucht und die Welt verändern könnte, feixte eine Schallplatte mit 45 Umdrehungen, stehend im Regal und Frank Sinatra in den Rillen. Udo Jürgens hat es abgekupfert, das Lied von den Träumen stellt die Langspielplatte mit 33 Umdrehungen zum Erstaunen aller fest. Im Magnetband regt sich Leben, die Spule dreht sich, leise Töne erfüllen den Raum und immer lauter wird der Text zur Musik, huscht über die Lippen der

Raritäten im Presshaus. Er erzählt von den Träumen und deren Ende, von Liebe und liebgewonnenen Dingen, dem Raum, der Unendlichkeit und mehr.

Rap: Jeder Traum hat ein Ende.

In Hof quietschen die Schweine beim Abladen. Die Blase drückt. Ich bin wieder munter und bin wieder bei Euch!

Ulli 50. Geburtstag / Salzburg

vorgetragen am 9.11.2019

Liebe Freunde unserer Familien, liebes Geburtstagskind!

Es ist nicht einfach, eine Laudatio über die eigene Tochter von sich zu geben.

Chronologisch betrachtet: geb. am 8. November 1969 gegen Abend in Enns – in einem Nachfolgebau der II. italienischen Legion in Lauriacum, jetzt – Bahnhofstraße 7 – ehemals Krankenhaus – Geburtenstation der Stadt Enns.

Eine schnelle Geburt, wie die Mutter bemerkte, denn die Väter waren vor 50 Jahren beim Geburtsvorgang ausgeschlossen. Die Mütter mussten die Wehen alleine – ohne Beistand – ertragen, während die Väter bei einem kühlen Bier über das zu erwartende Geschlecht rätselten.

1969 wurden 3 Männer auf den Mond geschossen, Ulrike kam auf die Erde. Nicht in einer Kapsel- sondern mit dem Storch, wie Michael und Barbara (drei und zwei Jahre alt) von sich gaben.

Ulrike kam mit der neuen Umgebung gut zurecht. Knorr Himmeltau und Aptamil ersetzten die natürliche Versorgung und sie nahm zu an Alter und Gewicht. Und ein Talent wuchs heran! Dies freute nicht nur die Eltern, sondern bemerkten auch die im Kindergarten – singen – tanzen – verkleiden –

basteln. Volks- und Hauptschule mit gutem Erfolg, ohne die Eltern mit den Zeugnissen zu quälen. Chorgesang in Schule und Kirche – jeden Sonntag Scola. Gitarre, Flöte und andere Instrumente, die aneinander geordneten Lärm erzeugten. Und nun begann das rätseln, was wird Ulli beruflich angehen. Babara war in der HBLA in Bad Ischl und hatte ganz klare Vorstellungen als Krankenschwester. Ulli folgte brav und ging auch in die HBLA in Steyr. Der gutmeinende Vater mit dem greißlerhaften Denken war bemüht, allen Kindern eine ihnen passende Ausbildung zu ermöglichen. Und so fanden wir nach Schulende für Ulli eine Stelle als Köchin und so begann sie ihr im Missionshaus in Liefering, Salzburg, ihre Karriere. Oh – schwere Prüfung – das Maß der Leiden – mit 500 Palatschinken am Tag, Knödeldrehen im Sekundentakt – war nach einem Jahr vorbei.

Tochter Ulli und Urenkel Maximilian

Ihr Talent für Musik und Tanz wurde entdeckt und es gab nur eines: ab ins Mozarteum ins ORFF-Institut. Zuerst ein Jahr in Wien – dazu ein Zitat: „Des halt´st net aus, so deppert san die Weaner".

Glücklich, wieder in Salzburg das Studium aufnehmen zu können, und das Glück nahm seinen Lauf, obwohl auch einige Hürden zu nehmen waren.

Auf der Festung, wo normalerweise der Jedermann bei den Festspielen ruft, stand Gott Amor, ein römischer Freund mit Pfeilen. Barbara und Roswitha – beide beruflich bei den Diakonissen – vertrieben sich mangels lästiger Patienten oder keimfreier Verehrer, die Freizeit mit Straßensingen von genehmigten Plätzen aus. Es war ein einträgliches, musikalisches Inkasso mit vollem Körbchen – aber das Herz blieb leer – trotz vieler begeisterter Herren im Publikum. Ulli war auch dabei sehr angetan von den vielen Herren – und einer gefiel ihr – beim Haus Mozart in der Getreidegasse: Es war Wolfgang, ein charmanter Drogist und Pharmazeut, der gerade ein Studium begonnen hatte.

Ein Jahr lang, so berichtet die Chronik, wurde Ulli von Sehnsucht und Hoffnung von Gott Amor gequält – bis die Pfeile von der Festung in der Hofstallgasse trafen. Ein Postkartenidyll! Eng schmiegten sie sich zusammen. Ein flottes Dirndlkleid aus Oberösterreich und ein wehender Trachtenumhang aus Salzburg – es passt zusammen. Ulli und

Wolfgang. Selbst der Turm der Franziskanerkirche verneigte sich, die Masken am Festspielhaus und die Garderobefrauen verdrückten einige Tränen, die Pferde der Gespanne wieherten kräftig und gingen im Klang der Domglocken unter.

In der vergleichenden Verhaltensforschung nach Prof. Lorenz wurde noch nie beobachtet, dass ein Skorpion einen Fisch festhalten kann. Selbst die übergroßen Scheren beim Weibchen können einen wendigen Fisch nicht sesshaft machen. Doch bei den hormongesteuerten Jünglingen gelten andere Paradigmen – das heißt, Veränderungen, Regeln etc. - die selbst Prof. Lorenz, einen Junggesellen, zum Staunen brachten und er sich wieder den Graugänsen zuwandte.

Eine kurze Werbepause

Nimmst du CXEVALLO für dein Haar, bleibt es füllig und wird nie gar!

Nimmst du Canello für den Hund, bleibt er drollig und wird nicht rund!

Weitere Info: Canello.at oder Arzt oder Apotheker

In der Chronologie weiter: 1991 wurde Marie-Christine geboren, 1993 wurde der Bund der Ehe in Enns – St. Marien geschlossen. 1994 wurden die vorgeschriebenen Prüfungen in Musik- und Bewegungserziehung am Mozarteum erfüllt und sie zur Magistra der Künste graduiert. Nicht weniger erfolgreich war Wolfgang, der in Innsbruck begann und in Salzburg als Molekularbiologe zuerst seinen Magister und anschließend das Doktorat abschloss. 1996 wurde Benedikt geboren. Ulrike war als Buchautorin erfolgreich: 2007 erschien das Buch „Hören, Spüren, Spielen" und 2008 „Schläft ein Lied in allen Dingen". Danach schloss sie das Doktorat als sichtbares Zeichen ihrer Vielfältigkeit ab.

Es gäbe noch viel zu berichten von Ulli und unseren Kindern – Enkelkindern und jetzt auch Maximilian, doch dieses soll im gemütlichen Teil bei Tritsch und Tratsch geschehen. Wir wünschen Dir, liebe Ulli, zum 50er alles Gute, Gesundheit und Gottes Segen!

Barbara Reichhardt 1912 – 2004

Barbara Reichhardt, geb. Unterhuemer, wurde am 12. November 1912, in Nußbach/OÖ als zweites Kind der Ehegatten Leopold und Theresia Unterhuemer, geb. Zachl, im Pfarrhof von Nußbach geboren. 1917 Übersiedlung nach Wallern – Gemeinde Sierning, OÖ, da ihre Eltern die Kleinlandwirtschaft Wallern 72 erworben hatten.

Pflichtschule in Sierning. Bereits mit 12 Jahren als jugendliche Landarbeiterin und Gehilfin bei verschiedenen Bauern tätig. Bis zu ihrer Heirat 1937 blieb sie der Landwirtschaft treu. Im Mai 1937 heiratete sie denn Schmiedegesellen Johann Reichhardt aus Haidershofen/ NÖ und kauften sich das Haus Neuzeug 21, Gemeinde Sierning, wo sie 1938 und 1940 von 2 Buben entbunden wurde.

1972 starb nach langem Leiden ihr Gatte. 2004 vollendet auch sie ihr Leben.

Zwischen diesen Fakten und Daten steht aber mehr, als nur im Standesamt oder in den Pfarrmatrikeln vermerkt zu werden. Sie war Zeitzeugin von 9 Dezennien Geschichte unseres Landes, sie sprach von Kaiser Karl und seiner Zita, vom 1. Zeppelin, von der Zeit mit den Pferden und Traktoren in der Landwirtschaft, Flugzeugen und die ersten Autos der Bürger und Landwirte. Aber auch von der Not dieser Zeit, wo der Kampf ums tägliche Brot an erster Stelle stand.

Die Jahre des Bürgerkrieges 1934 und das folgende Regime waren oft Anlass zu Diskussionen mit uns. Ihr Mann, zwangsverpflichtet im KZ Gusen bei Mauthausen, als Arbeiter der Steyrwerke. Sein Leid war auch ihr Leiden.

Johann Reichhardt

Hoffnungsvoll die Nachkriegszeit, das Ende der Lebensmittelkarten. Währungsreform – Wiederaufbau der gesellschaftlichen Ordnung. Demokratie – Arbeit und bescheidener Wohlstand. Eine Zeitzeugin, die zur Beurteilung der Lage das richtige Maß und die richtigen Worte fand.

Bei der Hinterfragung ihres Lebens nach Geist und Seele stößt man auf ein christlich – soziales Fundament. Äußerlich bescheiden, fast nicht wahrnehmbar, doch von innerlicher Tragfähigkeit und Größe.

Die Verbundenheit mit der Natur – das Wissen um den Kreislauf des Jahres, gab sie ihren Kindern, Enkeln und Urenkeln auf besondere Weise mit. Ihre ausgeprägte Sparsamkeit, die Wiederverwertung von Dingen des täglichen Gebrauchs, würden den spaßhaften Ausdruck „Recycling-Oma" rechtfertigen.

Die Turbulenzen des Alltags wurden von ihr mit Milde und Güte betrachtet und mit brauchbaren Ratschlägen in Bahnen gebracht. Eine Begegnung mit ihr berührte auch immer unsere Seele. Diese Spur der Berührung sollte nie ganz verwehen, als Vermächtnis für uns alle, als Dank für ihre bedingungslose Liebe.

Barbara Reichhardt 2004

Kapitel 5 – Vita

Radpilgergruppe Enns-St.Marien, Valdice, Tschechien

Stefan Reichhardt

geb. 1940 Neuzeug bei Steyr

Stefan lebt seit 1960 in Enns.

- Volks– und Hauptschule
- kfm. Berufsschule
- Abendmittelschule Geschichte – Geographie – Matura
- kfm. Angestellter – Julius Meinl
- selbstständiger Kaufmann – Ammer, Enns
- Pferdefleischverkäufer
- Werbekaufmann
- Korrekt – Linzer – Rundschau, Firmen Reportagen
- Lukullus – Kalenderverkauf Medienverlag
- Manhattan – Werbeagentur

- Verheiratet mit Gertrud
- Vater von vier Kindern
- Michael, Barbara, Ulrike, Sieglinde

Berufliche Chronologie eines gemischten Warenhändlers,
der bis dato ca. 1,5 Mio. Kunden zufrieden bediente,
und zum glücklich Sein, beigetragen hat!

Meine Familie

von links nach rechts: Sieglinde, Ulrike, Barbara, Trude, Michael, Stefan

Meine Enkelkinder

von links, vorne kniend: Marie Christine, Antonia

1. Reihe stehend: Hanna, Agnes, Julia, Jana

2. Reihe stehend: Simon, Benedikt, Jonas